Jakob J. Petuchowski

Ferner lehrten unsere Meister

„Ferner lehrten unsere Meister..."

Rabbinische Geschichten
aus den Quellen neu erzählt
und herausgegeben von

Jakob J. Petuchowski

Herder Freiburg · Basel · Wien

Umschlagbild:
Detail aus einem Titelbild des 15. Jhts. zum ersten Traktat des Sefer ha-Ikkārim (Buch der Grundsätze) des spanischen Juden Joseph Albo.

ZWEITE AUFLAGE

Herstellung: Freiburger Graphische Betriebe 1983
ISBN 3-451-18985-2

Für

HANS HERMANN HENRIX

in Freundschaft

Inhalt

Einleitung

Obwohl dieses Büchlein auf eigenen Füßen stehen soll und dazu bestimmt ist, dem Leser einen Einblick in die Geistes- und Gedankenwelt des rabbinischen Judentums in den ersten fünfhundert Jahren der gewöhnlichen Zeitrechnung zu vermitteln, will es doch auch als Fortsetzung von „Es lehrten unsere Meister“ (Herder, Freiburg i. Br., 1979) verstanden sein. Zwar werden in dem vorliegenden Band andere Bereiche des Lebens als in „Es lehrten unsere Meister“ behandelt, aber das, was in der Einleitung zu „Es lehrten unsere Meister“ über dieses Genre der Literatur, über das Prinzip der Auswahl und über die Übertragung von Schriftversen gesagt wurde, gilt auch für das Material, welches hier dem Leser vorgelegt wird, und es sei dem interessierten Leser empfohlen, sich an der erwähnten Einleitung zu orientieren.

Hier wollen wir nur einige weitere Bemerkungen zu Inhalt und Stil des rabbinischen Denkens machen. Es ist ein Denken, das sich scharf von der systematisierenden Theologie des Christentums und des späteren Judentums in Mittelalter und Neuzeit abhebt. Hier wird sozusagen „konkret“, und nicht abstrakt gedacht. Hier stehen oft einander scharf widersprechende Meinungen friedlich nebeneinander, ohne daß versucht wird, sie zu harmonisieren oder sie in ein überragendes System einzuordnen. Die rabbinische Theologie bleibt lebensbezogen.

Zwar war das systematische Denken den alten Rabbinen nicht unbekannt. In gesetzlichen Fragen geht der Talmud streng systematisch und strikt abstrahierend vor. Dort wird um Entscheidungen gerungen und der Versuch gemacht, Meinungsunterschiede zu harmonisieren. Denn schließlich und endlich, und vielleicht sogar in erster Linie, waren die Rabbinen des Talmuds Gesetzeslehrer und Richter, denen die Administration ganzer Gemeinden und der jüdischen Glaubensgemeinschaft in einer oft feindlichen Umwelt oblag. Sie strebten deshalb nach Einheitlichkeit in der religiösen Praxis, nach Schaffung eines ausgeprägten jüdischen Lebensstils – den sie als Erfüllung des göttlichen Gebots verstanden wissen wollten.

Anders verhielt es sich auf theologischem Gebiet. Das hat seinen Grund darin, daß zunächst einmal auf dem Gebiet der Religion die Theologie sekundär, und nicht primär ist. Zuerst kommt die religiöse Erfahrung, die ihrerseits zur Traditionsbildung führt. Und je stärker die religiöse Erfahrung ist, desto weniger wird auf ein rein vernunftmäßiges Nach-denken Wert gelegt. Die Tradition will eben die Erfahrung selbst festhalten, sie nachempfinden lassen und sie zelebrieren. Erst wenn die Tradition oder sogar die Erfahrung in Frage gestellt wird, sei es durch Angriffe von außen her oder durch Zweifel im eigenen Kreise, führt das apologetische Bemühen zur Schaffung einer systematisierenden oder systematischen Theologie.

Wenn wir nun in der rabbinischen Literatur ständig davon hören, daß dieser oder jener Rabbi den Propheten Elia antraf, daß eine „himmlische Stimme" vernommen wurde, daß der Heilige Geist etwas bekanntgab, oder daß man der *Schekhinah* (der Anwesenheit Gottes) gewahr werden konnte, so erhellt daraus, daß die frühen Rabbinen selbst noch im Stadium der unmittelbaren religiösen Erfahrung lebten und die späteren ihre Lehrtätigkeit im Stadium der Traditionsbildung ausübten. Zur abstrakten theologischen Reflexion lag noch wenig Grund vor.

Dazu kommt noch ein Anderes. Die alten Rabbinen pflegten zwar einen intimen Umgang mit der Gottheit – so intim und so „menschlich", daß mancher in der abendländischen Gedankenwelt verwurzelte Theologe mit Entsetzen davon zurückschreckt –, aber sie wußten auch um die Erhabenheit Gottes und um Seine Unvergleichbarkeit. Um diese Erhabenheit auszudrükken, ist eben der am meisten von den Rabbinen gebrauchte Gottesname „der Heilige, gelobt sei Er". Gott ist Gott, und der Mensch ist eben nur –

Mensch, jeder menschlichen Schwäche und Begrenztheit unterlegen. Schon die hebräische Bibel weiß von niemandem zu berichten, „der nur Gutes tut und nie sündigt". Die Patriarchen Abraham, Isaak und Jakob hatten keine ganz ungetrübten Lebensweisen. David, der idealisierte König, war ein Sünder. Selbst der Mann, den die Rabbinen „unser Meister" und den größten aller Propheten hießen, Moses, hatte seinen Augenblick der Schwäche aufzuweisen. Der Abgrund zwischen Gott und Mensch wurde nach rabbinischer Auffassung nie überbrückt. Gilt das schon von den Heroen der Bibel, dann gilt es um so mehr von den Rabbinen und ihren eigenen Zeitgenossen. Man bleibt sich also stets des rein Menschlichen bewußt.

Offenbart sich nun der Heilige, gelobt sei Er, so ist gewiß die Offenbarung eine göttliche. Aber die Empfänger der Offenbarung und ihre Tradenten hören nicht auf, Menschen zu sein; und das menschliche Verstehen deckt sich nicht immer unbedingt und absolut mit der vollen Absicht und dem totalen Inhalt der göttlichen Offenbarung. So können z. B. die Rabbinen von Moses erzählen, der seine eigene von Gott empfangene Lehre im Munde des viel späteren Rabbi Akiba nicht wiedererkennt. (Siehe *infra*, „Dies ist die Torah, und das ist ihr Lohn!", S. 35.) Und so wird auch der zwölfte Vers im 62. Psalm ausgelegt („Eines hat Gott geredet, zwei sind's, die ich habe gehört") in dem Sinne, daß Gott in einer Weise spricht, die für ein „Geschöpf von Fleisch und Blut" nicht nachvollziehbar ist. (Vgl. *Mekhilta, Jithro,* IV, ed. Horovitz – Rabin, S. 218 und *Mekhilta, Jithro,* VIII, ed. Horovitz – Rabin, S. 229). Dieses Bewußtsein gipfelt dann in der Selbstverständlichkeit, mit der anerkannt wird, daß „ein einziger Schriftvers viele verschiedene Lehren vermitteln kann". (Siehe „Es lehrten unsere Meister", S. 92.)

Damit ist nun eine gewisse Toleranz für Meinungsunterschiede gegeben, eine Toleranz, die übrigens genauso auf dem Gebiet der Meinungsunterschiede über gesetzliche Fragen waltet. Während aber in Gesetzesfragen ein verbindender Beschluß letzten Endes unvermeidlich ist und durch Abstimmung oder autoritären Erlaß entschieden wird, besteht diese Notwendigkeit in rein theologischen Fragen nicht. Es wurde daher auch nur in ganz wenigen theologischen Fragen eine Entscheidung getroffen. Aber auch selbst da, wo Ansätze zu einer Dogmatik liegen, etwa in *Mischnah Sanhedrin* 10, 1, in der die Anerkennung von Offenbarung und Auferstehung als *conditio sine qua non* für den „Anteil an der kommenden Welt" gefordert wird, begnügte man sich damit, diese Glaubensartikel so allgemein wie möglich zu halten. Über das „Wie" der Offenbarung und das „Wie", „Wann" und „Wer" der Auferstehung gingen die Meinungen weiterhin scharf auseinander – ohne daß irgend jemand das Recht hatte, eine von seiner Überzeugung abweichende Meinung zu verketzern.

Wird Theologie in dieser Art betrieben, so ist natürlich das System, der Lehrsatz nicht die geeignetste Methode. Daher wird hier auch mit Hilfe der Gleichnisrede und der Erzählung theologisiert – eine Art der Theologie, die auch weitgehend des Humors nicht entbehren kann. Selbst der Heilige, gelobt sei Er, hat Sinn für Humor. (Siehe „Es lehrten unsere Meister", S. 94–96.) Und Seine rabbinischen Kinder lassen sich gern auf die *imitatio Dei* in dieser Hinsicht ein.

Das Stichwort, dem in unserem kurzen theologischen Register am Ende des Bandes die größte Zahl von Stellenangaben folgt, ist das Wort „Torah". Es war nicht so geplant und hat sich nur zufälligerweise so ergeben. Überraschend war das allerdings nicht, denn „Torah" und Leben stellen für die alten Rabbinen eine Kongruenz dar. „Torah" bedeutet sowohl Lehre als auch Gesetz, und da beide auf göttliche Offenbarung zurückgeführt werden, könnte man das Wort gelegentlich auch mit „Offenbarung" übersetzen.

Konkret wird zunächst einmal der Pentateuch „Torah" genannt – im Unterschied zu den Propheten und den Hagiographen. Aber auch die ganze hebräische Bibel – also Pentateuch nebst Propheten und Hagiographen – kann „Torah" heißen. Nun kannten die alten Rabbinen, neben der „geschriebenen Torah", eine „mündliche Torah", die Moses von Gott auf dem Berge Sinai empfangen haben soll. Diese „mündliche Torah" ist die Tradition – einschließlich der hermeneutischen Regeln, nach denen die „geschriebene Torah" den sich wandelnden Umständen entsprechend auszulegen ist. Es war ursprünglich nicht beabsichtigt, diese flüssige Tradition schriftlich festzulegen. Es hat sich dann doch als unvermeidlich erwiesen, und so enthalten Talmud und Midrasch Bestandteile dieser „mündlichen Torah". Das heißt nun wiederum, daß die ganze Struktur des rabbinischen Judentums und der jüdischen Tradition – Gebot und Brauchtum, die Heilige Schrift und ihre auslegenden Kommentare, Zivilrecht und Zeremonie, Liturgie und Homiletik, Theologie und frommer Lebenswandel – in dem Begriff „Torah" miteingeschlossen sind.

„Torah" ist eben mit dem im Sinne der Torah geführten Leben identisch. Es gibt im Judentum eine Trennung zwischen dem Heiligen und dem Profanen – genau so wie es im Heiligen selbst verschiedene Stufen der Heiligkeit gibt, die voneinander unterschieden werden, wie etwa die

Heiligkeit des Sabbaths von der Heiligkeit der Feiertage. Aber das Profane, das vom Heiligen unterschieden wird, deckt sich nicht mit dem, was heutzutage als „weltlich" oder „säkular" betrachtet wird und daher vom Bereich der Religion abgetrennt wird. Es ist ja gerade das Leben außerhalb der Synagoge und der Gebetszeiten, das von der Religion der Torah geheiligt werden soll.

Die Konsequenz einer solchen Auffassung kann ins Extreme führen. In einer Geschichte, die nicht in dieses Buch aufgenommen wurde, wird erzählt, daß Rabbi Akiba einmal dem Rabbi Josua in den Abort folgte und Rabbi Josuas natürliche Verrichtungen und hygienische Handlungen beobachtete. Von Ben Asaj deshalb zur Rede gestellt und des Mangels an Respekt vor dem Meister angeklagt, antwortete Rabbi Akiba: „Auch das ist Torah, und ich bin verpflichtet, sie zu lernen." (B. *Berakhoth* 62a) Das ist, wie gesagt, ein extremer Fall. Aber er zeigt doch deutlich, wieweit die Bestrebung im rabbinischen Judentum ging, das ganze Leben mit Torah zu durchsetzen, und in welchem Maße sich die Sphäre der Torah mit allen Aspekten des Lebens deckte. Es zeigt auch, daß „Torah" im weitesten Sinn eben mehr war, als sich in einem Buch, sei es nun biblisch oder rabbinisch, zusammenfassen läßt. Ja, was der Mensch sich als „Torah" aneignet, ist immer nur ein geringer Bestandteil jener göttlichen Torah, die der Heilige, gelobt sei Er, als Plan Seiner Weltschöpfung benutzte. (Siehe „Es lehrten unsere Meister", S. 81–82.)

Ein Zweifaches mag nun dem Leser verständlich sein. Erstens, daß das Wort „Torah" in so vielen und verschiedenen Zusammenhängen in diesem Buch vorkommt, und zweitens, daß wir das hebräische Wort „Torah" einer jeglichen Übersetzung vorgezogen haben. Ebenfalls mag es jetzt verständlicher geworden sein, daß in der Sprache der Rabbinen das Göttliche und das Menschliche, das Religiöse und das Weltliche stets zusammenhängen und ineinander gehen. Auch wenn scheinbar nur von den Attributen Gottes die Rede ist, von Seiner Liebe, Seiner Barmherzigkeit und Seiner Gerechtigkeit, so steckt doch im Hintergrund immer die *imitatio Dei*, das, was der Mensch von Gott lernen soll; und von Gott wird nicht angenommen, daß Er das Religiöse streng vom Weltlichen trennt.

Es soll hier nicht behauptet werden, daß der moderne Mensch ganz ohne systematische Theologie auskommen kann, wie es die alten Rabbinen tun konnten. Es ist inzwischen zu viel auf den Gebieten der Philosophie und der Theologie geschehen. Wenn man aber danach fragt, wie Glauben und Leben sich aufeinander zu beziehen haben, so könnte doch eine Betrachtung des Phänomens der alten rabbinischen Religion dem modernen Menschen zu mancher Überlegung Anlaß geben. Zu dieser Betrachtung wollen die in diesem Bande vorgeführten rabbinischen Geschichten, wie auch die bereits in „Es lehrten unsere Meister" abgedruckten, einen kleinen Beitrag leisten.

Dabei ist das an sich nur ein Nebenprodukt dieses Büchleins. Sein Hauptzweck ist nämlich, dem Leser Vergnügen zu bereiten, ein ästhetisches oder auch ein intellektuelles Vergnügen. Denn auch das Vergnügen spielt für die rabbinischen Meister keine geringe Rolle, lehrten sie doch, daß in der eschatologischen Zukunft „der Mensch Rechenschaft ablegen muß über alles, woran sein Auge Gefallen fand und was er dennoch nicht genoß". (Siehe *infra*, „Himmlisches Verhör", S. 88)

Wie bei allen meinen anderen Büchern, bin ich auch bei diesem Band für Rat und Tat meiner lieben Lebensgefährtin Dr. Elizabeth R. Petuchowski zu herzlichem Dank verpflichtet.

Cincinnati, Ohio, USA
8. Kislew 5740 / 28. November 1979

Jakob J. Petuchowski

I Von der Torah und ihren Lehrern

Schöpfung und Offenbarung

Rabbi Simeon ben Lakisch lehrte:

Im hebräischen Urtext der Schöpfungsgeschichte heißt es nach der Schöpfung an jedem Tage: „Es ward Abend, und es ward Morgen, ein Tag“ (Genesis 1, 5), oder „Es ward Abend, und es ward Morgen, ein zweiter Tag“ (Genesis 1, 8), oder „Es ward Abend, und es ward Morgen, ein dritter Tag“ (Genesis 1, 13). Aber nach der Schöpfung am sechsten Tag heißt es (Genesis 1, 31): „Es ward Abend, und es ward Morgen, *der* sechste Tag.“

Was ist die besondere Bedeutung gerade des sechsten Tages?

Es wird hier auf den sechsten Tag des Monats Siwan aufmerksam gemacht, an dem einst Israel die Torah am Berge Sinai empfangen wird.

Das lehrt uns, daß der Heilige, gelobt sei Er, mit den Werken der Schöpfung eine Bedingung ausgemacht hat:

„Wenn die Israeliten die Torah annehmen, dann werdet ihr bestehen. Nehmen sie aber die Torah nicht an, dann lasse ich euch in die ‚Öde und Leere‘, die vor der Schöpfung bestand, zurückversinken.“ Nach b. *Schabbath* 88 a

Der Fuchs und die Fische

Es lehrten unsere Meister:

Die böse römische Regierung verbat den Juden einmal, die Torah zu studieren und nach der Torah zu leben.

Da kam Pappus ben Judah und sah, daß Rabbi Akiba öffentliche Versammlungen einberief und sich mit der Torah befaßte.

Er sprach zu ihm: „Akiba, hast du denn keine Angst vor der Regierung?"

Akiba antwortete: „Ich will dir mit einem Gleichnis die Sache erklären:

Ein Fuchs ging einmal am Rande eines Flusses spazieren. Er sah die Fische, wie sie in Schwärmen von einem Platz zum anderen schwammen. Da fragte er sie: ‚Wem wollt ihr denn entrinnen?'

Die Fische antworteten: ‚Den Netzen, die die Menschen für uns ausgeworfen haben.'

Darauf der Fuchs: ‚Warum kommt ihr denn nicht hinauf aufs Land, so daß wir, ihr und ich, friedlich miteinander leben können, wie das schon meine Väter mit euren Vätern getan haben?'

Die Fische erwiderten: ‚Bist du wirklich derjenige, den man das klügste unter den Tieren nennt? Du bist ja gar nicht klug, sondern ganz dumm. Wenn wir schon Angst haben in dem Element, in dem wir leben, wieviel ängstlicher würden wir da sein, wo wir mit Sicherheit sterben!'"

„Und so", fuhr Rabbi Akiba fort, „ist es auch mit uns. Sind wir schon in einer schlimmen Lage, wenn wir sitzen und die Torah lernen, von der es heißt (Deuteronomium 30,20): ‚Sie ist dein Leben und die Länge deiner Tage', wieviel schlimmer würde unsere Lage sein, wenn wir die Torah vernachlässigten!" Nach b. *Berakhoth* 61b

Auf drei Dingen steht die Welt: Auf der Torah, auf dem Gottesdienst und auf der Übung von Liebeswerken. *Mischnah Abhoth* 1,2

Ohne Torah keine Sitten, ohne Sitten keine Torah; ohne Weisheit keine Gottesfurcht, ohne Gottesfurcht keine Weisheit; ohne Erkenntnis keine Vernunft, ohne Vernunft keine Erkenntnis; ohne Nahrung kein Torahstudium, ohne Torahstudium keine Nahrung.

Mischnah Abhoth 3,17

Schweigen ziemt den Weisen, um so mehr den Dummen. B. *Pessaḥim* 99a

Die Welt besteht nur um des Atems der Schulkinder willen. B. *Schabbath* 119b

Keine Ausrede

Es lehrten unsere Meister:

Ein Armer, ein Reicher und ein Wollüstiger kommen vor das himmlische Gericht.

Man fragt den Armen: „Warum hast du dich nicht mit der Torah befaßt?"

Wenn er antwortet, „Ich war arm und um meinen Unterhalt besorgt", fragt man ihn: „Warst du etwa ärmer als Hillel?"

Es wird nämlich von Hillel dem Älteren erzählt, daß er täglich zur Arbeit ging, um sich einen halben Denarius zu verdienen. Die Hälfte davon gab er dem Wächter des Lehrhauses, um das Lehrhaus besuchen zu dürfen, und die andere Hälfte gab er für seinen Unterhalt und den Unterhalt seiner Familie aus.

Eines Tages konnte er nichts verdienen, und der Wächter verwehrte ihm den Eintritt in das Lehrhaus. Da kletterte er hinauf auf das Dach und saß auf einer Dachluke, um die Worte des lebendigen Gottes aus dem Munde von Schemajah und Abtaljon zu hören. Man sagt, daß das an einem Freitag in der Winterzeit gewesen sei und daß der Schnee auf ihn herabfiel.

Als es Morgen wurde, sagte Schemaja zu Abtaljon: „Abtaljon, mein Bruder, dieses Haus ist doch jeden Tag hell. Heute aber ist es dunkel. Vielleicht ist heute ein bewölkter Tag?"

Sie blickten nach oben und sahen die Gestalt eines Mannes in der Dachluke. Sie gingen hinauf und fanden Hillel, der drei Ellen hoch mit Schnee bedeckt war. Sie holten ihn herunter, badeten ihn, rieben ihn mit Öl ein und setzten ihn vor das Feuer. Dann sprachen sie: „Dieser Mann ist es wert, daß man seinetwegen den Sabbath entweiht."

Man fragt den Reichen: „Warum hast du dich nicht mit der Torah befaßt?"

Wenn er antwortet, „Ich war reich und um mein Vermögen besorgt", fragt man ihn: „Warst du etwa reicher als Rabbi Eleasar?"

Es wird nämlich über Rabbi Eleasar ben Charsom berichtet, daß sein Vater ihm tausend Städte auf dem Trockenland und dementsprechend tausend Schiffe auf dem Meer hinterlassen hat. Doch nahm er täglich einen Sack Mehl auf seine Schulter und wanderte von Stadt zu Stadt, von einer Provinz in die andere – nur um Torah zu lernen. Die Städte aber, die ihm sein Vater hinterlassen hatte, hat er nie gesehen, denn er saß Tag und Nacht beim Studium der Torah.

Man fragt den Wollüstigen: „Warum hast du dich nicht mit der Torah befaßt?"

Wenn er antwortet, „Weil ich so hübsch war und mit meiner Leidenschaft so viel zu schaffen hatte", fragt man ihn: „Warst du etwa hübscher als Josef?"

Es wird nämlich über Josef den Gerechten berichtet, daß die Frau des Potiphar täglich versuchte, ihn mit Worten zu verführen. Die Kleider, die sie für ihn am Morgen trug, trug sie nicht mehr am Abend. Die Kleider, die sie für ihn am Abend trug, trug sie nicht mehr am nächsten Morgen.

Sie sprach zu ihm: „Gehorche mir!"

Er aber antwortete: „Nein!"

Da sagte sie zu ihm: „Ich werde dich ins Gefängnis einsperren lassen."

Er antwortete: „Der Herr löst die Gefesselten." (Psalm 146,7)

Sie sagte zu ihm: „Ich werde deine hohe Gestalt krümmen."

Er antwortete: „Der Herr richtet auf die Gebeugten." (Psalm 146,8)

Sie sagte zu ihm: „Ich werde dir die Augen blenden."

Er antwortete: „Der Herr macht die Blinden sehend." (Psalm 146,8)

Dann bot sie ihm tausend Silberstücke an, ihr zu gehorchen, ‚daß er mit ihr schliefe und bei ihr sei' (Genesis 39, 10). Aber er gehorchte ihr nicht. Er wollte weder ‚mit ihr schlafen' – in dieser Welt, noch ‚bei ihr sein' – in der kommenden Welt.

So werden denn die Armen durch Hillel, die Reichen durch Rabbi Eleasar ben Charsom und die Wollüstigen durch Josef verurteilt.

Nach b. *Joma* 35 b

Der Ungebildete hat nicht die rechte Scheu vor der Sünde; der Unwissende kann nicht ein Frommer sein; der Schüchterne lernt nicht, und der Jähzornige ist kein Lehrer; wer nur auf Erwerb sinnt, wird nicht weise werden. Und wo es an Männern fehlt, raffe dich auf, ein Mann zu sein.

Mischnah Abhoth 2, 5

Die unbewußte Gebotserfüllung

Es geschah einmal, daß ein frommer Mann bei der Ernte ein Maß Getreide auf seinem Feld vergaß.

(Was der Bauer bei der Ernte auf dem Feld vergißt, darf er sich später nicht holen. Nach jüdischem Gesetz wird das der Anteil der Armen und der Waisen. Vgl. Leviticus 19,9–10 und Ruth, Kap. 2)

Da sprach der fromme Mann zu seinem Sohn: „Geh und opfere einen Farren als Ganzopfer und einen Farren als Friedensopfer für mich!"

Verwundert fragte der Sohn: „Aber Vater, warum freust du dich über dieses Gebot mehr als über alle anderen Gebote, die in der Torah stehen?"

Der Vater antwortete: „Alle anderen Gebote der Torah gab uns der Allgegenwärtige, so daß wir sie bewußt erfüllen. Dies aber ist ein Gebot, das wir nur unbewußt erfüllen können. Denn hätten wir das Maß Getreide bewußt auf dem Feld zurückgelassen, dann könnten wir gerade dieses Gebot nicht erfüllen."

Nach *Tossephta Pe-ah* 3,8, ed. Lieberman, S. 53

Er warf die Schale fort

(Elischa ben Abujah war ein großer rabbinischer Gelehrter, verfiel aber der Ketzerei und wurde von seinen ehemaligen Kollegen nur noch *Acher*, d. h. „der Andere", genannt. Trotzdem blieb ihm sein Schüler, Rabbi Meir, bis zum Lebensende treu.)

Rabbah bar Raw Schila traf einmal den Propheten Elia.

Er fragte den Propheten: „Womit beschäftigt sich der Heilige, gelobt sei Er?"

Elia antwortete: „Er lehrt die Traditionen im Namen aller Rabbinen, mit Ausnahme von Rabbi Meir, dessen Traditionen Er nicht lehrt."

Rabbah fragte: „Warum denn nicht?"

Elia antwortete: „Weil Rabbi Meir seine Traditionen aus dem Munde Achers lernte."

Da sagte Rabbah: „Warum sollte er das nicht getan haben? Rabbi Meir fand einen Granatapfel, aß die innere Frucht und warf die Schale fort."

Nun sprach der Prophet Elia: „Jetzt, wo du dich für Rabbi Meir eingesetzt hast, höre ich tatsächlich den Heiligen, gelobt sei Er, sprechen: ‚Mein Sohn Meir sagt ...'." Nach b. *Ḥagigah* 15 b

Rabbi Akiba lachte

Rabbah bar Bar Chanah lehrte:

Als Rabbi Elieser erkrankte, kamen seine Schüler, um ihn zu besuchen.

Er sprach zu ihnen: „Gott muß wohl sehr böse mit mir sein."

Da weinten sie alle, aber Rabbi Akiba lachte.

„Warum lachst du?" fragten sie ihn.

„Und warum weint ihr?" fragte er sie.

Sie antworteten: „Soll ‚die Torahrolle' (wie sie Rabbi Elieser nannten) hier in Schmerzen liegen und wir nicht weinen?"

Da erwiderte Rabbi Akiba: „Gerade deshalb lache ich. Solang ich sah, daß des Meisters Wein nie sauer wurde, daß sein Flachs nie vernichtet wurde, sein Öl nie verfaulte, und sein Honig nie ranzig wurde, dachte ich mir, daß er, Gott behüte!, schon seinen ganzen Lohn auf dieser Welt erhalten hat. Aber jetzt, wo ich ihn in Schmerzen liegen sehe, bin ich froh, weil ich weiß, daß sein Lohn ihn in der kommenden Welt erwartet."

Nun fragte ihn Rabbi Elieser: „Akiba, habe ich einen Teil der ganzen Torah vernachlässigt?"

Akiba antwortete: „Meister, du hast uns doch selbst den Bibelvers gelehrt: ‚Denn unter Menschen ist kein Bewährter, der das Gute tut und nie sündigt' (Prediger Salomo 7,20)."

Nach b. *Sanhedrin* 101 a

Unvorbereitet in der Synagoge

„Und Gott redete alle diese Worte und sprach.“

Exodus 20, 1

Warum heißt es bei dieser Einleitung zu den Zehn Geboten „redete“ *und* „sprach“?

Das wird durch folgende Verse erklärt:

„Da sah Er sie und verkündigte sie, bereitete sie und ergründete sie.“ (Hiob 28, 27)

Erst danach heißt es: „Und Er sprach zum Menschen.“ (Hiob 28, 28)

Die Torah belehrt dich, daß du, wenn du ein Torahgelehrter bist, nicht so hochmütig sein darfst, der Gemeinde etwas zu sagen, was du dir nicht selber vorher zwei- oder dreimal klargemacht hast.

Es geschah einmal, daß der Synagogenaufseher bei einem öffentlichen Gottesdienst den Rabbi Akiba aufrief, aus der Torah vorzulesen. Aber er wollte nicht zum Lesepult hinaufsteigen.

Da sagten seine Schüler zu ihm: „Meister, hast du uns nicht selbst gelehrt, daß die Torah unser Leben und die Länge unserer Tage ist? Warum weigerst du dich dann, zum Lesepult hinaufzusteigen?“

Rabbi Akiba antwortete: „Beim Tempeldienst! Ich weigere mich nur deshalb, aus der Torah vorzulesen, weil ich die heutige Perikope nicht zwei- oder dreimal für mich selbst zurechtgelegt habe. Denn man darf die Worte der Torah nicht vor der Gemeinde vortragen, ehe man sie sich selbst zwei- oder dreimal klargemacht hat. So finden wir es auch bei dem Heiligen, gelobt sei Er, der den Menschen die Sprachkraft gibt und für den die Torah so klar und offenbar ist wie ein heller Stern, daß Er, bevor Er Israel die Torah gab, sie erst, wie es geschrieben steht, ‚ansah, verkündigte, bereitete und ergründete'. Erst nachher ‚sprach Er zum Menschen'. Daher heißt es auch: ‚Und Gott redete alle diese Worte'. Das bedeutet: im Selbstgespräch. Erst nachher heißt es: ‚und sprach'."

Nach *Midrasch Tanḥuma, Jithro*, 15

„Dies ist die Torah, und das ist ihr Lohn!"

Raw Judah lehrte im Namen Raws:

Als Moses nach oben stieg, fand er den Heiligen, gelobt sei Er, damit beschäftigt, kleine Krönchen an den Buchstaben der Torah zu befestigen.

Da fragte Moses: „Herr der Welt, wozu ist das notwendig?"

Gott antwortete: „Am Ende von vielen Generationen wird es einmal einen Mann geben, namens Akiba ben Josef, der auf Grund eines jeden Tüttelchens Hügel und Hügel von Gesetzeslehren auslegen wird."

Moses bat: „Herr der Welt, laß mich ihn sehen."

„Dreh dich um", sprach Gott.

Moses ging nun zur Akademie Rabbi Akibas und setzte sich – aus Bescheidenheit – hinter die achte Reihe von Akibas Schülern, um dem Lehrvortrag zuzuhören.

Er konnte der Argumentation nicht folgen und fühlte sich nicht wohl.

Als aber ein gewisses Thema angeschnitten wurde, fragten die Schüler den Meister: „Woher weißt du das?"

Darauf antwortete Rabbi Akiba: „Das ist ein

Gesetz, das dem Moses am Berge Sinai gegeben wurde."
Nun fühlte sich Moses wieder besser.

Er kehrte dann zum Heiligen, gelobt sei Er, zurück und sprach: „Herr der Welt, Du hast einen solchen Mann und Du gibst dennoch die Torah durch mich!"
Gott antwortete: „Schweige! So habe Ich es beschlossen."

Dann sprach Moses: „Herr der Welt, Du hast mir seine Torah gezeigt. Nun zeige mir seinen Lohn."
„Dreh dich um", antwortete Gott.
Moses drehte sich um. Er sah, wie man – nach Akibas Martyrium – sein Fleisch in den Marktbuden wog.
„Herr der Welt", schrie Moses auf. „Dies ist die Torah, und das ist ihr Lohn!"
Doch Gott antwortete: „Schweige! So habe Ich es beschlossen."

Nach b. *Menaḥoth* 29b

Rabbi Josua besiegt

Rabbi Josua ben Chananjah erzählte:

Niemand hat mich je besiegt – bis auf eine Frau, einen kleinen Jungen und ein kleines Mädchen.

Wie war die Sache mit der Frau?

Ich wohnte einmal in einem Gasthof, und die Wirtin kochte mir täglich Bohnen. Am ersten Tag aß ich sie alle auf, ohne etwas zurückzulassen. Am zweiten Tag habe ich auch nichts zurückgelassen. Am dritten Tag hatte sie mit zu viel Salz gekocht, und, sowie ich die Bohnen gekostet hatte, ließ ich meine Hand von ihnen.

Da fragte die Wirtin: „Meister, warum ißt du nicht?"

Ich antwortete: „Ich habe heute schon früher gegessen."

„Dann aber", sagte sie, „hättest du auch deine Hand nicht nach dem Brot ausstrecken sollen."

Sie fuhr fort: „Ist es möglich, Meister, daß du heute den Teller als Ersatz für die vorhergehenden Mahlzeiten, bei denen du nichts für die Bedienung hinterlassen hattest, stehen gelassen hast? Denn die Weisen haben doch bestimmt, daß man zwar nichts im Topf lassen darf, aber daß auf dem Teller etwas übrig bleiben muß."

Wie war die Sache mit dem kleinen Mädchen?

Ich befand mich einmal auf einer Reise, und da war ein Pfad, der durch ein Feld führte. Ich benutzte diesen Pfad. Da rief mir ein kleines Mädchen zu: „Meister! Ist denn das nicht ein Teil des Feldes?"

Ich antwortete: „Nein, das ist ein niedergetretener Pfad."

Da sagte sie zu mir: „Räuber wie du haben ihn zu einem solchen gemacht."

Und wie war die Sache mit dem kleinen Jungen?

Ich war wieder einmal auf einer Reise. Da bemerkte ich einen kleinen Jungen, der am Scheidewege saß.

Ich fragte ihn: „Welchen Weg nimmt man in die Stadt?"

Er antwortete: „Dieser hier ist kurz aber lang. Und jener ist lang aber kurz."

Ich nahm den ‚kurzen aber langen' Weg. Jedoch als ich näher an die Stadt herankam, sah ich, daß sie von Gärten und Obstgärten umringt war und daß man sie nur auf Umwegen erreichen konnte. Ich ging also wieder zurück.

Als ich den kleinen Jungen wiedersah, sagte ich zu ihm: „Mein Sohn, hast du mir nicht gesagt, daß der Weg kurz sei?"

Er antwortete: „Und habe ich dir nicht gesagt: ‚aber lang‘?“

Da küßte ich ihn auf seinen Kopf und sprach: „Heil euch, o Israel! Ihr seid alle weise – die Jungen sowohl als auch die Alten.“

Nach b. *'Erubhin* 53b

Was das Kind auf dem Markte spricht,
haben die Eltern ihm vorgesagt.

B. *Sukkah* 56b

Das irdene Gefäß

Rabbi Josua ben Chananjah war sehr häßlich.

Eines Tages sagte die Tochter des Kaisers zu Rabbi Josua: „Solche schöne Weisheit in so einem häßlichen Gefäß!"

Er antwortete: „Lerne den Grund dafür in deines Vaters Palast. Worin wird bei euch der Wein aufbewahrt?"

„In irdenen Gefäßen", antwortete sie.

Rabbi Josua warf ein: „So macht es doch das gewöhnliche Volk auch, das Wein in irdenen Gefäßen aufbewahrt. Und das tust du! Du solltest doch deinen Wein in goldenen und silbernen Gefäßen aufbewahren."

Sie ging nach Hause und ließ den Wein in goldene und silberne Gefäße umgießen.

Da wurde der Wein sauer.

Rabbi Josua sagte ihr dann: „So geht es mit der Torah auch."

Darauf die Kaiserstochter: „Aber gibt es denn nicht schöne Menschen, die trotzdem gelehrt sind?"

„Gewiß!" antwortete der Rabbi. „Aber sie würden noch gelehrter sein, wenn sie häßlicher wären."

Nach b. *Nedarim* 50b. Vgl. b. *Ta'anith* 7a

Die kalten Speisen

Als der Sohn von Rabbi Simeon ben Rabbi heiratete, lud Rabbi Simeon alle Rabbinen zu einem Hochzeitsmahl ein, aber nicht den Bar Kappara.

Da ging Bar Kappara und schrieb auf das Tor von Rabbi Simeons Haus:

„*Nach seiner Freude kommt der Tod.*
Welchen Gewinn hat er an seiner Freude?"

Als Rabbi Simeon diese Aufschrift sah, fragte er: „Wer hat mir das angetan? Wen haben wir vergessen, einzuladen?"

Da wurde ihm gesagt, daß es Bar Kappara war.

Rabbi Simeon sprach: „Morgen gebe ich ein Gastmahl ganz besonders ihm zur Ehre."

Er bereitete das Gastmahl, lud alle Rabbinen ein und natürlich auch Bar Kappara.

Als die Gäste ankamen und die Gerichte hereingebracht wurden, erzählte Bar Kappara bei jedem Gericht, das gebracht wurde, dreihundert Gleichnisse über einen Fuchs. Die Gäste hörten so gespannt zu, daß die Gerichte stehenblieben und kalt wurden.

Da fragte Rabbi Simeon seine Diener: „Warum bleiben die Speisen unberührt?"

Sie antworteten: „Da sitzt ein alter Mann, und, wenn die Gerichte hereingebracht werden, erzählt er bei jedem Gericht dreihundert Gleichnisse über einen Fuchs – bis die Gerichte kalt geworden sind und nicht mehr gegessen werden."

Rabbi Simeon ging nun auf Bar Kappara zu und sprach: „Warum läßt du meine Gäste nicht essen?"

Bar Kappara antwortete: „Was gehen mich deine Gäste an? Ich bin doch nur gekommen, um dir zu beweisen, daß Salomo mit Recht klagte: ‚Was hat der Mensch für Gewinn von all seiner Mühe?' (Prediger Salomo 1,3)."

Nach *Leviticus Rabbah* XXVIII, 2, ed. Margulies, S. 653–654. Vgl. *Qoheleth Rabbah* I, 3

Bedenke drei Dinge, und du wirst nicht der Sünde verfallen: woher du gekommen bist, wohin du gehst und vor wem du dereinst Rechenschaft ablegen mußt. *Mischnah Abhoth* 3, 1

Studentenaufstand

Es lehrten unsere Meister:

Es geschah einmal, daß ein Schüler vor Rabbi Josua kam und ihn fragte: „Ist das Abendgebet ein Pflichtgebet oder ein freiwilliges Gebet?"

Er antwortete: „Es ist ein freiwilliges Gebet."

Dann ging derselbe Schüler zu Rabban Gamaliel II und richtete an ihn dieselbe Frage.

Rabban Gamaliel antwortete: „Es ist ein Pflichtgebet."

Da sagte der Schüler: „Aber Rabbi Josua hält es doch für ein freiwilliges Gebet!"

Rabban Gamaliel erwiderte: „Warte, bis die Gelehrten ins Lehrhaus kommen."

Als die Gelehrten im Lehrhaus versammelt waren, warf jemand die Frage auf: „Ist das Abendgebet ein Pflichtgebet oder ein freiwilliges Gebet?"

Rabban Gamaliel antwortete: „Es ist ein Pflichtgebet."

Dann sprach Rabban Gamaliel zu den Gelehrten: „Bestreitet das jemand?"

Und Rabbi Josua antwortete: „Nein."

Darauf wandte sich Rabban Gamaliel zu Rabbi Josua: „Wurde mir nicht berichtet, daß du das Abendgebet als ein freiwilliges Gebet ansiehst? Steh auf, und laß den Zeugen gegen dich aussagen!"

Rabbi Josua stand auf und sprach: „Wäre ich lebendig und der Zeuge tot, dann könnte der Lebendige dem Toten widersprechen. Da ich aber lebendig bin und der Zeuge lebendig ist, wie könnte der Lebendige dem Lebendigen widersprechen?"

Rabban Gamaliel blieb sitzen und hielt seinen Lehrvortrag. Rabbi Josua mußte aber stehenbleiben – bis alle Gelehrten zu schreien anfingen und dem Chuzpith, der die Gedanken Gamaliels den Schülern klarmachte, befahlen: „Halt ein!"

Er hielt ein.

Dann sagten sie: „Wie lange sollen wir mitansehen, wie Rabban Gamaliel den Rabbi Josua beleidigt? Letztes Jahr hatte er ihn schon in einer anderen Angelegenheit beleidigt. (Vgl. ‚Es lehrten unsere Meister', S. 97–98). Dann kam eine zweite Beleidigung. Und jetzt beleidigt er ihn schon wieder. Kommt, wir wollen Rabban Gamaliel als Schuloberhaupt absetzen!"

Das taten sie auch.

Dann aber fragten sie sich: „Wen sollen wir jetzt als Schuloberhaupt ernennen? Rabbi Josua können wir nicht ernennen, denn er ist in die Sache verwickelt. Auch Rabbi Akiba können wir nicht ernennen, denn Rabban Gamaliel könnte ihn deshalb verfluchen, weil Akiba sich nicht auf die Verdienste seiner Väter berufen kann. Der geeignete Mann wäre daher Rabbi Eleasar ben Asarjah. Er ist weise, so daß er alle Fragen beantworten kann. Er ist reich, so daß er bei der römischen Regierung genügend Ansehen genießt, uns öffentlich zu vertreten. Und er ist ein Nachkomme von Esra in der zehnten Generation, so daß Rabban Gamaliel ihn seiner Abstammung wegen nicht verfluchen kann."

So gingen sie zu Rabbi Eleasar und fragten ihn, ob sie ihn zum Oberhaupt des Lehrhauses ernennen dürften.

Rabbi Eleasar antwortete: „Ich muß zuerst die Sache mit den Mitgliedern meiner Familie besprechen."

Er ging und fragte seine Frau.

Sie meinte: „Aber vielleicht werden sie dich auch später wieder absetzen."

Er antwortete: „Es gibt ein Sprichwort: ‚Trink aus dem Ehrenpokal, selbst wenn er morgen zerbrochen wird'."

Da sagte sie zu ihm: „Du hast doch aber kein weißes Haar, um dir Respekt zu verschaffen."

Er war damals achtzehn Jahre alt. Jedoch geschah ihm ein Wunder, und achtzehn Reihen seines Haares wurden plötzlich weiß. Er sah jetzt wie ein Siebzigjähriger aus, und er nahm den Posten an.

An jenem Tage entließ man den Torhüter und erlaubte allen Schülern, das Lehrhaus zu betreten. Rabban Gamaliel hatte nämlich die Verordnung erlassen: „Kein Schüler, dessen Inneres nicht so sauber wie sein Äußeres ist, darf das Lehrhaus betreten!"

An jenem Tage wurden viele neue Bänke in das Lehrhaus gebracht. Rabbi Jochanan sagte, daß ein Meinungsunterschied zwischen Abba Josef ben Dosethai und den anderen Rabbinen darüber besteht, ob es vierhundert oder siebenhundert neue Bänke waren.

Rabban Gamaliel machte sich nun Sorgen darüber, daß er, während er das Lehrhaus leitete, Israel die Torah vorenthalten hatte. Da wurden ihm im Traum weiße Krüge mit Asche gefüllt gezeigt, um ihm zu versichern, daß er tatsächlich nur die unwürdigen Schüler vom Studium abgehalten hatte. Doch hatte das keine Bedeutung. Der Traum war nur zu seiner Beruhigung da. In Wirklichkeit hatte er würdigen Schülern das Studium verwehrt.

An jenem Tage wurden viele wichtige religionsgeschichtliche Entscheidungen getroffen.

Rabban Gamaliel sah, daß die Mehrheit der Gelehrten die Meinung Rabbi Josuas annahm, und er entschloß sich, Rabbi Josua um Verzeihung zu bitten.

Als er zu dessen Haus kam, bemerkte er, daß die Wände des Hauses schwarz waren. Da sagte er zu Rabbi Josua: „Von den Wänden deines Hauses ist es ersichtlich, daß du ein Schmied bist."

Rabbi Josua aber erwiderte: „Wehe der Generation, deren geistiges Oberhaupt du bist! Du scheinst von den Sorgen der Gelehrten, von ihrem Kampf um das tägliche Brot gar nichts zu wissen."

Rabban Gamaliel sprach: „Ich bitte um Entschuldigung. Verzeih mir."

Aber Rabbi Josua antwortete nicht.

Wiederum sprach Rabban Gamaliel: „Tue es meinem Vater zuliebe."

Da versöhnten sie sich.

Nun hatten die Gelehrten folgendes Problem: „Was sollen wir tun? Wir können doch Rabbi Eleasar nicht absetzen, denn bei uns gilt die Regel: ‚Man kann in heiligen Dingen nur hinauf –, aber nicht hinabsteigen.' Sollten wir den einen Meister an einem und den anderen Meister am nächsten Sabbath predigen lassen, dann kommt es zu Neid. Es soll also Rabban Gamaliel drei Sabbathe hintereinander predigen, und dann Rabbi Eleasar am folgenden."

Nach b. *Berakhoth* 27b, 28a. Vgl. p. *Berakhoth* IV, 1, ed. Krotoschin, p. 7c,d

Die Begegnung

Mar Sutra, der Sohn von Raw Nachman, ging einmal von Sikara nach Machusa, während Rawa und Raw Safra sich auf dem Wege nach Sikara befanden.

Sie begegneten sich.

Mar Sutra meinte nun, daß die beiden Gelehrten ihm entgegengekommen waren, nur um ihn zu begrüßen.

Er sprach: „Warum haben sich die Herren die Mühe gemacht, mir so weit entgegenzukommen?"

Da antwortete Raw Safra: „Wir wußten gar nicht, daß sich der Meister auf dem Wege befand. Sonst hätten wir uns viel mehr Mühe gegeben."

Jetzt sagte Rawa zu Raw Safra: „Warum hast du ihm das erzählt? Damit hast du ihn doch geärgert."

Raw Safra antwortete: „Hätte ich es nicht getan, würden wir ihn doch getäuscht haben."

Darauf Rawa: „Nein, er hätte sich nur selbst getäuscht."

Nach b. *Ḥullin* 94b

II Von Wohltun und Gerechtigkeit

Imitatio Dei

Rabbi Chama, der Sohn des Rabbi Chanina, lehrte:

Was bedeutet der Text (Deuteronomium 13,5): „Ihr sollt dem Herrn, eurem Gott, folgen?" Kann denn ein Mensch dem Gotte folgen, von dem es heißt (Deuteronomium 4,24): „Denn der Herr, dein Gott, ist ein verzehrendes Feuer?"

„Dem Herrn zu folgen" kann daher nur bedeuten, daß man Seine Eigenschaften nachahmt.

So wie Er die Nackten kleidet – denn es heißt (Genesis 3,21): „Und der Herr Gott machte Adam und seinem Weibe Röcke von Fellen und kleidete sie" –, so kleide auch du die Nackten.

Der Heilige, gelobt sei Er, besuchte die Kranken, denn es heißt (Genesis 18,1) gleich nach der Beschneidung Abrahams: „Und es erschien ihm der Herr unter den Terebinten Mamres, als er an der Türe des Zeltes saß." So sollst auch du die Kranken besuchen.

Der Heilige, gelobt sei Er, tröstete die Leidtragenden, denn es heißt (Genesis 25,11): „Und es geschah nach dem Tode Abrahams, da segnete Gott seinen Sohn Isaak." So tröste auch du die Leidtragenden.

Der Heilige, gelobt sei Er, hat die Toten beerdigt, denn es heißt (Deuteronomium 34,6) nach dem Tode des Moses: „Und Er begrub ihn im Tal im Lande Moab." So beerdige auch du die Toten.

Rabbi Simlai erklärte:

Die Torah beginnt mit einer Liebestat und endet mit einer Liebestat. Am Anfang steht, daß Gott Adam und Eva bekleidete (Genesis 3,21). Am Ende steht, daß Er Moses beerdigte (Deuteronomium 34,6).

Nach b. *Sotah* 14a

Ist die Tür den guten Taten verschlossen, wird sie dem Arzt geöffnet.

Schir Haschirim Rabbah VI, 11,1

Auf drei Säulen ruht der Bestand der Welt: Auf der Wahrheit, auf dem Recht und auf dem Frieden.

Mischnah Abhoth 1,18

„Jetzt dürfen alle eintreten!“

In einem Jahre der Dürre öffnete Rabbi Judah der Patriarch einst seine Speicher und rief aus: „Wer Bibel und rabbinische Lehre studiert hat, möge eintreten! Aber den Unwissenden ist der Eintritt verboten!“

Rabbi Jonathan ben Amram drängte sich hinein und sprach: „Meister, speise mich!“

Rabbi Judah, der ihn nicht erkannte, fragte ihn: „Hast du die Bibel studiert?“

„Nein“, antwortete Rabbi Jonathan.

„Hast du die rabbinische Lehre studiert?“

„Nein.“

„Wie kann ich dir dann Speise geben?“

„So füttere mich wie einen Hund oder so wie Gott die Raben füttert (Psalm 147,9).“

Da gab er ihm etwas zu essen.

Nachdem Rabbi Jonathan weggegangen war, hatte Rabbi Judah Gewissensbisse: „Wehe mir, daß ich mein Brot einem Unwissenden gegeben habe!“

Doch sein Sohn, Rabbi Simeon, sprach zu ihm: „Vielleicht war das dein Schüler, Jonathan ben Amram, der sein Leben lang von der Ehre, die der Torah erwiesen wird, keinen materiellen Gewinn haben wollte.“

Es wurden Untersuchungen angestellt, und es stellte sich heraus, daß es tatsächlich Rabbi Jonathan ben Amram gewesen war.

Darauf sagte Rabbi Judah: „Jetzt dürfen alle eintreten!"

Rabbi Judah war aber ursprünglich nur seinem eigenen Prinzip treu geblieben. Denn Rabbi Judah hatte gelehrt: „Das Unglück kommt nur durch die Unwissenden in die Welt."

Nach b. *Baba Bathra* 8a

Die, die sich beleidigen lassen, aber andere nicht beleidigen, sich beschimpfen lassen und darauf nicht antworten, in Liebe handeln und ihr Leiden freudig tragen – über sie heißt es in der Heiligen Schrift (Richter 5,31): „Aber die, die Ihn lieben, sind wie der Aufgang der Sonne in ihrer Herrlichkeit." B. *Schabbath* 88b; b. *Gittin* 36b

Schätze im Himmel

(Monobaz, König von Adiabene, trat im ersten nachchristlichen Jahrhundert zusammen mit seiner Familie zum Judentum über. Vgl. Josephus Flavius, „Jüdische Altertümer", XX, ii, 1–4.)

Es lehrten unsere Meister:

Es geschah einmal in den Jahren der Hungersnot, daß König Monobaz seine eigenen Schätze und die von seinen Vorfahren gesammelten Schätze verschwenderisch unter die Armen verteilte.

Da versammelten sich seine Brüder und die Familie seines Vaters gegen ihn und rügten ihn: „Deine Väter haben gesammelt und die Schätze ihrer Väter noch um so manches vermehrt. Du aber verschwendest den angesammelten Reichtum!"

Monobaz antwortete: „Meine Väter haben Schätze hier unten angelegt. Ich aber lege sie oben an. Meine Väter haben an einem Ort gespeichert, der dem Diebstahl ausgesetzt ist. Ich aber habe an einem Ort gespeichert, der dem Diebstahl nicht ausgesetzt ist. Meine Väter haben etwas gespeichert, das keine Früchte hervorbringt. Ich aber habe etwas gespeichert, das Früchte hervorbringt. Meine Väter haben Geldschätze gesammelt. Ich aber sammle Seelenschätze. Meine

Väter haben Schätze für andere angelegt. Ich aber lege sie für mich selber an. Meine Väter haben nur für diese Welt Schätze gesammelt. Ich aber sammle sie für die kommende Welt."

Nach b. *Baba Bathra* 11a. Vgl. *Pessiqta Rabbathi, Pissqa* 25, ed. Friedmann, p. 126b; Matthäus 6,19–21; Matthäus 19, 21; Lukas 12,33–34

Bei wem das Tun bedeutender ist als das Wissen, bei dem hat das Wissen Bestand; bei wem aber das Wissen bedeutender ist als das Tun, bei dem hat das Wissen keinen Bestand.

Mischnah Abhoth 3,9

Warum Rabbi Judah litt... und geheilt wurde

Ein Kalb wurde einmal zum Schlachten geführt. Da lief es davon, versteckte seinen Kopf unter dem Gewand Rabbi Judahs des Patriarchen und brüllte.

Rabbi Judah aber stieß es von sich, indem er sprach: „Geh fort! Dazu bist du doch erschaffen worden."

Da sagte man im Himmel: „Weil er kein Mitleid hat, wollen wir Leiden auf ihn bringen."

Er litt dann auch dreizehn Jahre lang an verschiedenen Krankheiten.

Eines Tages kehrte Rabbi Judahs Magd das Haus mit ihrem Besen und fand ein paar junge Wiesel herumliegen. Sie machte sich daran, die Tiere aus dem Hause zu fegen. Doch Rabbi Judah rief ihr zu: „Laß sie sein! Es heißt doch (Psalm 145,9): ‚Sein Erbarmen ist über all Seinen Werken.'"

Da sagte man im Himmel: „Weil er barmherzig ist, wollen auch wir ihm gegenüber barmherzig sein."

So wurde Rabbi Judah von seinen Krankheiten geheilt.

Nach b. *Baba Mezi'a* 85 a

Die Speise, die der Gewohnheit entspricht

Ein Mann erschien einmal vor Rawa, um Unterstützung zu verlangen.

Rawa fragte ihn: „Was ißt du gewöhnlich.

Er antwortete: „Fettes Geflügel und alten Wein."

Darauf Rawa: „Machst du dir denn keine Gedanken über die Last, die du der Gemeinde auferlegst?"

Der Mann antwortete: „Speise ich denn von dem, was der Gemeinde gehört? Ich speise doch von dem, was mir der Allerbarmer zukommen läßt; denn es heißt (Psalm 145,15): ‚Aller Augen warten auf Dich, ihre Nahrung gibst Du ihnen zu ihrer (wörtlich: *zu seiner*) Stunde.' Da es hier nicht ‚zu ihrer Stunde', sondern ‚zu seiner Stunde' heißt, lehrt es uns, daß der Heilige, gelobt sei Er, einem jeden die Speise reicht, die seiner Gewohnheit entspricht."

Inzwischen kam Rawas Schwester an, die ihn dreizehn Jahre lang schon nicht mehr gesehen hatte. Als Geschenk brachte sie ihm ein fettes Huhn und alten Wein mit.

Da sprach der Mann: „Genau was ich gesagt habe!"

Und Rawa sagte: „Ich bitte dich um Entschuldigung. Geh und iß!" Nach b. *Kethubhoth* 67b

An wem die Menschen Wohlgefallen haben, an dem hat auch Gott Wohlgefallen; an wem aber die Menschen kein Wohlgefallen haben, an dem hat auch Gott kein Wohlgefallen.

Mischnah Abhoth 3, 10

„Wohltätigkeit errettet vom Tod"

Rabbi Judah pflegte zu sagen:

Zehn harte Dinge wurden in der Welt erschaffen.

Der Berg ist hart. Aber Eisen kann ihn spalten.

Eisen ist hart. Aber Feuer kann es erweichen.

Feuer ist hart. Aber Wasser kann es löschen.

Wasser ist hart. Aber die Wolken tragen es.

Die Wolken sind hart. Aber der Wind kann sie vertreiben.

Der Wind ist hart. Aber der menschliche Körper kann ihm widerstehen.

Der menschliche Körper ist hart. Aber die Angst kann ihn zerbrechen.

Die Angst ist hart. Aber der Wein kann sie verbannen.

Der Wein ist hart. Aber der Schlaf macht ihn wirkungslos.

Der Tod aber ist härter als alle.

Jedoch „Wohltätigkeit errettet vom Tod" (Sprüche Salomos 10,2). Nach b. *Baba Bathra* 10a

Das Ölblatt

„Zur Abendzeit kam die Taube zu ihm, und: ein frisches Ölblatt in ihrem Schnabel!“

Genesis 8,11

Woher brachte sie das Ölblatt?

Raw Abba sagte: Sie brachte es von den jungen Pflanzen im Lande Israel.

Rabbi Levi sagte: Sie brachte es vom Ölberg (in Jerusalem), denn das Land Israel wurde in der Sintflut nicht überschwemmt.

Rabbi Berechjah sagte: Die Pforten des Paradieses wurden ihr geöffnet, und sie brachte das Ölblatt von dort.

Darauf sprach Rabbi Abbahu: Wenn die Taube wirklich das Ölblatt vom Paradies gebracht hat, dann hätte sie doch etwas Besseres bringen sollen, wie Zimt oder Balsam. Indem sie aber das bittere Ölblatt brachte, gab sie Noah zu verstehen: „Besser ist etwas Bitteres aus Gottes Hand als etwas Süßes aus deiner Menschenhand.“

Nach *Genesis Rabbah* XXXIII, 6, ed. Theodor – Albeck, S. 311. Vgl. *Leviticus Rabbah* XXXI, 10, ed. Margulies, S. 732; b. *Sanhedrin* 108b

Angewiesen auf deine Hand

O laß uns nicht angewiesen sein,
Herr, unser Gott,
auf die Gabe von Fleisch und Blut
und nicht auf ihr Darlehen,
sondern nur auf Deine Hand,
die volle, offene, gehäufte und reiche,
daß wir nicht zuschanden werden
und nicht beschämt werden
in Ewigkeit.

Aus dem täglichen jüdischen Tischgebet

III Von Leben und Tod

Das letzte Geschöpf

Es lehrten unsere Meister:

Adam war das letzte Geschöpf, das am Vorabend des Sabbaths erschaffen wurde.

Warum?

Damit die Ketzer nicht sagen: „Der Heilige, gelobt sei Er, hatte einen Teilhaber im Schöpfungswerk."

Eine andere Antwort lautet: Dies geschah, damit man, wenn der Mensch zu stolz wird, ihn daran erinnern kann, daß in der Schöpfungsordnung die Mücken vor ihm den Vorrang hatten.

Noch eine andere Antwort lautet: Deswegen, daß er sofort ein Gebot erfüllen konnte, nämlich, den Sabbath zu heiligen.

Und noch eine andere Antwort lautet: Die vollendete Schöpfung war das Gastmahl, das Gott ihm bereitet hatte, und er sollte sich jetzt sofort zum Gastmahl begeben. Das läßt sich mit einem König von Fleisch und Blut vergleichen, der Paläste baute und sie einrichtete. Erst nachdem sie eingerichtet waren, lud er die Gäste ein. Darum heißt es auch (Sprüche Salomos 9, 1–3): „Die Weisheit hat ihr Haus erbaut, hat ihre sieben Säulen ausgehauen. Sie hat ihr Fleisch vorbereitet und ihren Wein aufgetragen, auch ihren Tisch angerichtet. Sie hat ihre Mädchen ausgeschickt, um zu den Höhen der Stadt einzuladen."

„Die Weisheit hat ihr Haus erbaut." – Das ist ein Attribut des Heiligen, gelobt sei Er, der die Welt durch die Weisheit erschuf. (Vgl. „Es lehrten unsere Meister", S. 81–82)

„Sie hat ihre sieben Säulen ausgehauen." – Das sind die sieben Tage der Schöpfung.

„Sie hat ihr Fleisch vorbereitet usw." – Das sind die Meere und die Flüsse und alles andere, was die Welt braucht.

„Sie hat ihre Mädchen ausgeschickt, um einzuladen." – Das bezieht sich auf Adam und Eva.

Nach b. *Sanhedrin* 38a

Im Augenblick der Empfängnis

Antoninus fragte den Patriarchen Rabbi Judah: „Wann wird die Seele in den Menschen gelegt? Im Augenblick der Empfängnis? Oder erst wenn das Embryo geformt ist?

Er antwortete: „Wenn das Embryo geformt ist."

Antoninus widersprach: „Kann ein Stück Fleisch auch nur drei Tage lang ungesalzen daliegen, ohne zu verfaulen? Man muß also annehmen, daß die Seele schon im Augenblick der Empfängnis dem Menschen zugeteilt wird."

Rabbi Judah sagte dann: „Das hat mich Antoninus gelehrt. Tatsächlich wird seine Meinung von der Heiligen Schrift unterstützt, denn es heißt (Hiob 10,12): ‚Deine Verordnung hat meinen Geist bewacht.'" Nach b. *Sanhedrin* 91b

Erst von der Geburt an

Antoninus fragte den Patriarchen Rabbi Judah:

„Wann fängt der böse Trieb an, den Menschen zu beherrschen? Wenn das Embryo geformt ist, oder erst im Augenblick der Geburt?"

Er antwortete: „Wenn das Embryo geformt ist."

Antoninus widersprach: „Wenn dem so sei, so würde doch das Embryo schon im Mutterleibe widerspenstig sein und ihn verlassen. Du mußt also sagen, daß der böse Trieb erst bei der Geburt zur Herrschaft gelangt."

Rabbi Judah sagte dann: „Das hat mich Antoninus gelehrt. Tatsächlich wird seine Meinung von der Heiligen Schrift unterstützt, denn es heißt (Genesis 4,7): ‚Vor dem Eingang lagert die Sünde.'"

Nach b. *Sanhedrin* 91b

Die drei Beteiligten

Es wurde gelehrt:

Wenn ein Kind im Mutterleib geformt wird, sind drei daran beteiligt: der Heilige, gelobt sei Er, der Vater und die Mutter. Vom Samen des Vaters kommen die weißen Substanzen wie das Gehirn, die Nägel, das Weiße der Augen, die Knochen und die Sehnen. Von der Mutter stammen die roten Substanzen wie das Blut, die Haut, das Fleisch, das Haar und das Schwarze in den Augen. Der Heilige, gelobt sei Er, Sein Name sei gepriesen und Sein Gedenken verherrlicht, gibt dem Kind die folgenden Dinge: Lebensodem, Seele und Gesichtsausdruck, die Sehkraft, das Gehör und die Sprache, die Fähigkeit, die Hände zu erheben und mit den Füßen zu gehen, und Weisheit, Einsicht, Rat, Wissen und Kraft.

Wenn die Todesstunde kommt, nimmt der Heilige, gelobt sei Er, Seinen Anteil und überläßt den Eltern ihren Anteil.

Wenn die Eltern weinen, spricht der Heilige, gelobt sei Er, zu ihnen: „Warum weint ihr? Habe ich euch denn etwas weggenommen? Ich habe doch nur Meinen eigenen Anteil zurückgenommen."

Jedoch die Eltern erwidern: „Herr der Welt! Solange Dein Anteil mit unserem vermischt war, war unser Anteil vor Made und Wurm bewahrt. Jetzt, wo Du Deinen Anteil von unserem getrennt hast, liegt unser Anteil hinweggeworfen da und ist der Made und dem Wurm überlassen."

Nach *Qoheleth Rabbah* V, 10,ii

Mein Gott, die Seele, die Du mir gegeben hast, ist rein. Du hast sie geschaffen, Du hast sie geformt, Du hast sie mir eingehaucht. Du hütest sie in mir. Einst wirst Du sie von mir nehmen, um sie mir in der kommenden Zeit zurückzugeben. So lange die Seele in mir ist, danke ich Dir, Herr, mein Gott und Gott meiner Väter, Meister aller Werke, Herr aller Seelen.

B. *Berakhoth* 60b

Nicht wie der Esel

Rabbi Josua ben Levi lehrte:

Als der Heilige, gelobt sei Er, zu Adam sprach: „Dornen und Disteln soll die Erde dir sprießen lassen" (Genesis 3,18), da flossen Tränen aus Adams Augen. Er sprach zu Ihm: „Herr der Welt! Sollen denn ich und mein Esel aus derselben Krippe essen?"

Aber sobald Er ihm sagte: „Im Schweiße deines Angesichts sollst du dein Brot essen" (Genesis 3,19), beruhigte sich Adam wieder.

Rabbi Simeon ben Lakisch sagte: „Wohl uns, daß es nicht bei der ersten Verordnung für uns blieb!"

Abaje aber meinte: „Ganz sind wir ihr dennoch nicht entronnen, denn wir essen ja die wilden Kräuter des Feldes." Nach b. *Pessaḥim* 118a

Stehen Zedern schon in Brand,
wie hilft sich's Kräutchen an der Wand?

B. *Mo'ed Qaton* 25b

Der Fuchs und der Weinberg

„Wie der Mensch nackt aus dem Leibe seiner Mutter gekommen ist, so kehrt er auch nackt wieder zurück, wie er gekommen ist; und nicht das Geringste, das er mit sich führte, trägt er davon von seiner Mühe.“ Prediger Salomo 5,14

Geniwa sagte:

Das läßt sich mit einem Fuchs vergleichen, der einen Weinberg fand. Der Weinberg war jedoch an allen Seiten von einem Zaun umringt. Zwar fand der Fuchs ein Loch, durch das er hindurch wollte; aber es gelang ihm nicht. Was tat er? Er fastete drei Tage lang, bis er ganz dünn wurde; und so kam er endlich durch das Loch hindurch.

Dann fraß er die Trauben und wurde dadurch wieder dick.

Daher gelang es ihm nicht, wieder durch das Loch zu kriechen, als er wieder hinaus wollte. So fastete er denn wieder drei Tage, bis er dünn genug wurde, aus dem Weinberg hinaus zu kommen.

Als er draußen war, schaute er auf den Weinberg und sprach: „O Weinberg, o Weinberg, wie gut bist du, und wie gut sind deine Früchte! Alles, was in dir ist, ist schön und lobenswert. Aber welchen Nutzen hat man von dir? So wie man in dich hineinkommt, muß man auch wieder hinaus."

So ist es auch mit dieser Welt.

Nach *Qoheleth Rabbah* V, 14

Je nach der Mühe ist der Lohn.

Mischnah Abhoth 5,22

Die sieben Eitelkeiten

Rabbi Samuel, Sohn des Rabbi Isaak, lehrte im Namen Rabbi Samuels, Sohn des Rabbi Eleasar:

Die sieben „Eitelkeiten", von denen der Prediger Salomo spricht, entsprechen den sieben Welten, die der Mensch zu seinen Lebzeiten erlebt.

Wenn er ein Jahr alt ist, gleicht er einem König, der in einer überdachten Sänfte getragen wird. Alle umarmen und küssen ihn.

Ist er zwei und drei Jahre alt, gleicht er einem Schwein, das seine Pfoten in alle Rinnen streckt.

Mit zehn Jahren hüpft er wie ein Zicklein.

Mit zwanzig Jahren ist er wie ein wieherndes Pferd. Er schmückt sich und sehnt sich nach einer Frau.

Nachdem er geheiratet hat, müht er sich ab wie ein Esel.

Hat er Kinder in die Welt gesetzt, wird er frech wie ein Hund, um ihnen Brot und Speise zu verschaffen.

Und wenn er endlich alt geworden ist, geht er gekrümmt wie ein Affe.

Das bezieht sich aber alles nur auf die Unwissenden. Denn von den in der Torah Beflissenen heißt es zum Beispiel über David: „Da der König David alt war und wohl betagt ..." (I Könige 1, 1). „Alt" schon, aber immer noch ein „König".

Nach *Qoheleth Rabbah* I, 2. Vgl. William Shakespeares „Wie es euch gefällt", 2. Aufzug, 7. Szene

„Entweder Geselligkeit oder Tod!"

Es lehrte Rabbi Jochanan:

Sein ganzes Leben lang grübelte Choni, dieser Gerechte, über den Vers (Psalm 126, 1): „Als der Herr zurückführte die Weggeführten Zions, da waren wir gleich Träumenden." Da das babylonische Exil siebzig Jahre lang dauerte, muß man sich doch fragen, ob man siebzig Jahre lang schlafen und träumen kann.

Eines Tages, während Choni seines Weges ging, sah er einen Mann, der einen Johannisbrotbaum pflanzte.

Er sagte zu dem Mann: „Du weißt, daß es siebzig Jahre dauert, bis der Johannisbrotbaum Früchte trägt. Bist du aber auch sicher, daß du selbst noch siebzig Jahre leben wirst, um von den Früchten zu essen?"

Der Mann antwortete: „Ich habe in der Welt Johannisbrotbäume vorgefunden. So wie meine Väter sie für mich gepflanzt haben, pflanze ich sie für meine Nachkommen."

Danach setzte sich Choni hin, um zu essen, fiel aber in einen tiefen Schlaf. Während er schlief, formte sich eine Grotte um ihn herum, so daß er von den Augen der Menschen abgeschirmt war. So schlief er dann auch siebzig Jahre lang.

Als er aufwachte, sah er einen Mann, der Johannisbrot von einem Johannisbrotbaum pflückte und es aß. Er fragte ihn: „Weißt du, wer diesen Johannisbrotbaum gepflanzt hat?"

„Mein Großvater", antwortete der Mann.

„Da muß ich wohl siebzig Jahre lang geschlafen haben!" schrie Choni.

Dann ging er in sein Haus und erkundigte sich, ob der Sohn von Choni noch lebe. Man sagte ihm, daß der Sohn nicht mehr unter den Lebenden weile, daß der Enkel aber noch am Leben sei.

Da sagte er: „Ich bin Choni", aber die Menschen glaubten es ihm nicht.

Choni ging dann ins Lehrhaus, nahm an der Diskussion teil und hörte, wie die Gelehrten sagten: „Der Lehrstoff ist uns heute so klar, wie er in den Tagen Chonis war. Denn, wenn Choni in das Lehrhaus kam, hat er immer den Gelehrten alle Schwierigkeiten erklärt."

„Ich bin Choni!" schrie er. Aber es wurde ihm nicht geglaubt. Auch wurde ihm nicht die Ehre, die er erwartet hatte, erwiesen.

Da wandte sich Choni an Gottes Barmherzigkeit und wünschte sich, zu sterben. Und er starb.

Rawa meinte: „Von hier stammt das Sprichwort: ‚Entweder Geselligkeit oder Tod'."

Nach b. *Ta'anith* 23a

Der Ort, an dem man sein muß

Es waren einmal zwei Äthiopier, die dem König Salomo dienten. Sie hießen Elihoreph und Ahija, die Söhne Sisas, und waren Salomos Schreiber. (Vgl. I Könige 4, 3)

Eines Tages sah Salomo, daß der Todesengel traurig war.

Er fragte ihn: „Warum bist du so traurig?"

Der Todesengel antwortete: „Weil mir befohlen wurde, die zwei Äthiopier, die hier sitzen, zu holen."

Daraufhin empfahl Salomo seine zwei Diener den Geistern, die er beherrschte, so daß Elihoreph und Ahija von den Geistern in den Bezirk von Lus gebracht wurden.

Sobald sie aber im Bezirk von Lus ankamen, starben sie.

Am folgenden Tage sah Salomo, daß der Todesengel sehr gut aufgelegt war.

Er fragte ihn: „Warum bist du so gut aufgelegt?"

Der Todesengel antwortete: „Weil du die beiden zu dem Ort geschickt hast, von dem ich sie holen sollte."

Salomo aber verfaßte das Sprichwort: „Des Menschen Beine sind seine Bürgen. Sie führen ihn zu dem Ort, an dem seine Anwesenheit verlangt wird.“ Nach b. *Sukkah* 53a

„Wir haben's nicht gesehen“ ist kein Beweis.

Mischnah Zebhaḥim 12,4

Ohne Maus, woher dann das Loch?

B. *'Arakhin* 30a

Das Gastmahl

Rabbi Elieser lehrte: „Kehre um einen Tag vor deinem Todestage!"

Da fragten ihn seine Schüler: „Weiß man denn, an welchem Tag man sterben wird?"

Rabbi Elieser erwiderte: „Um so mehr Grund, heute schon umzukehren; denn man könnte ja morgen schon sterben. So widmet man dann auch sein ganzes Leben der Umkehr. Das meinte Salomo auch, als er in seiner Weisheit sprach (Prediger Salomo 9, 8): ‚Laß deine Kleider immer weiß sein, und Öl fehle nicht auf deinem Haupte.'"

Rabban Jochanan ben Sakkai wandte hier ein Gleichnis an:

Das kann mit einem König verglichen werden, der seine Diener zu einem Gastmahl einlud, ohne aber die genaue Zeit des Gastmahls anzugeben. Die klugen Diener schmückten sich sogleich und warteten an der Palastpforte. Sie dachten sich nämlich, daß es im königlichen Palast an nichts mangele und daß die Pforte jeden Augenblick geöffnet werden könne. Die törichten Diener aber fuhren mit ihrer Arbeit fort. Sie dachten sich, daß zu einem Gastmahl erst die Vorbereitungen getroffen werden müßten und daß es noch eine Weile dauern würde bis zur Öffnung der Pforte.

Plötzlich verlangte der König die Anwesenheit seiner Diener. Die weisen Diener traten geschmückt ein, die törichten Diener aber in ihrer schmutzigen Kleidung.

Der König freute sich über seine klugen Diener, aber zürnte seinen törichten Dienern.

Er befahl: „Diejenigen, die sich für das Gastmahl geschmückt haben, sollen sich hinsetzen, essen und trinken. Diejenigen jedoch, die sich für das Gastmahl nicht geschmückt haben, sollen stehenbleiben und zuschauen!"

Nach b. *Schabbath* 153a. Vgl. *Mischnah Abhoth* 2, 10; *Qoheleth Rabbah* IX, 8; Matthäus 22, 1–14; Lukas 14, 16–24

Die zwei Schiffe

Der Tag, an dem ein großer Mann stirbt, ist besser als der Tag, an dem er geboren wurde. Denn niemand weiß am Tage seiner Geburt, welche Taten er vollbringen wird. Daher ist *„ein guter Name besser als gutes Öl und der Tag des Todes besser als der Tag der Geburt“.*

Prediger Salomo 7, 1

Rabbi Levi sprach:

Das läßt sich mit zwei Meeresschiffen vergleichen, von denen das eine den Hafen verläßt und das andere im Hafen ankommt. Während alle das Schiff, das sich gerade auf die Seereise begab, feierten, schienen sich nur wenige über das Schiff zu freuen, das gerade ankam.

Ein kluger Mann, der zugegen war, meinte: „Man sollte doch das Gegenteil erwarten. Die Menschen sollten sich doch nicht über das Schiff freuen, das gerade den Hafen verläßt. Sie können ja nicht wissen, was dem Schiff noch bevorsteht, ob es ein ruhiges oder ein stürmisches Meer antreffen wird und mit welchen Winden es zu ringen haben wird. Man sollte sich doch lieber über das Schiff freuen, das in den Hafen einfährt, denn es hat die Seefahrt in Frieden überstanden.“

So ist es auch, wenn ein Mensch geboren wird. Jeder Tag bringt ihn dem Tode näher. Ist er aber erst einmal gestorben, fängt man an, die Tage bis zur Auferstehung zu zählen.

Nach *Exodus Rabbah* XLVIII, 1

Alles ist von Gott vorgesehen, aber die freie Wahl ist dem Menschen gegeben. In Güte wird die Welt gerichtet, und auf die Summe der Taten kommt es an.

Mischnah Abhoth 3, 15

Die Arbeiter im Weinberg

Als Rabbi Bun, Sohn des Rabbi Chija starb, hielt Rabbi Sera ihm die Trauerrede. Er nahm als seinen Text Prediger Salomo 5,11: „Süß ist der Schlaf des Arbeiters, hat er nun wenig oder viel gegessen."

Ich werde euch sagen, mit wem Rabbi Bun zu vergleichen ist. Ein König hatte einen Weinberg. Er stellte Arbeiter in ihm an. Nun war unter den Arbeitern einer, der mehr als alle anderen leistete. Als der König sah, wie fleißig dieser Arbeiter in seiner Arbeit war, nahm er ihn bei der Hand und fing an, mit ihm spazierenzugehen.

Als aber am Abend die Arbeiter kamen, ihren Lohn zu empfangen, war auch dieser Arbeiter unter ihnen. Der König bezahlte ihm soviel wie den anderen.

Da beschwerten sich die anderen Arbeiter und sprachen: „Unser Herr und König, während wir den ganzen Tag hindurch gearbeitet haben, hat dieser Mann nur zwei oder drei Stunden lang gearbeitet. Soll er nun denselben Lohn bekommen wie wir?"

Der König antwortete: „Warum ärgert ihr euch? Dieser Mann hat in zwei oder drei Stunden so viel geschafft, wie ihr am ganzen Tag geleistet habt."

So hat auch Rabbi Bun in seinen achtundzwanzig Jahren mehr auf dem Gebiet der Torah geleistet, als ein beflissener Schüler in hundert Jahren erreichen könnte.

Nach *Schir Haschirim Rabbah* VI, 2, vi. Vgl. p. *Berakhoth* II, 8, ed. Krotoschin, p. 5c; Matthäus 20,1–16

Der Trost

Als der Sohn des Rabban Jochanan ben Sakkai starb, kamen seine Jünger, ihn zu trösten.

Rabbi Elieser kam herein, setzte sich vor ihn hin und sprach zu ihm: „Meister, darf ich dir etwas sagen?"

„Sprich!" antwortete Rabban Jochanan.

Rabbi Elieser sprach: „Adam hatte einen Sohn, der starb. Jedoch ließ sich Adam darüber trösten. Woher wissen wir, daß Adam sich trösten ließ? Weil es heißt: ‚Adam erkannte abermals sein Weib, und sie gebar einen Sohn' (Genesis 4,25). Du solltest auch Trost annehmen."

Rabban Jochanan aber sprach: „Ist es denn nicht genügend für mich, daß ich meinen eigenen Schmerz trage, so daß du mich noch an den Schmerz Adams erinnerst!"

Dann kam Rabbi Josua und bat um Erlaubnis, Worte des Trosts zu sprechen. Als ihm die Erlaubnis erteilt wurde, sagte er: „Hiob hatte Söhne und Töchter, und sie starben alle am gleichen Tag. Jedoch Hiob ließ sich trösten. Auch du solltest Trost annehmen. Woher wissen wir, daß Hiob sich trösten ließ? Weil es heißt: ‚Der Herr hat's gegeben, der Herr hat's genommen; gesegnet sei der Name des Herrn.' (Hiob 1,21)."

Rabban Jochanan aber sprach: „Ist es denn

nicht genügend für mich, daß ich meinen eigenen Schmerz trage, so daß du mich noch an den Schmerz Hiobs erinnerst!"

Dann kam Rabbi Jossé, setzte sich vor ihn hin, bat um und erhielt die Erlaubnis, Worte des Trosts zu sprechen. Er sagte: „Aaron hatte zwei erwachsene Söhne, die beide am gleichen Tag starben. Jedoch ließ Aaron sich trösten, wie es heißt: ‚Und Aaron schwieg.' (Leviticus 10,3.) Schweigen aber bedeutet soviel wie Trost. Auch du solltest Trost annehmen."

Rabban Jochanan aber sagte zu ihm: „Ist es denn nicht genügend für mich, daß ich meinen eigenen Schmerz trage, so daß du mich noch an Aarons Schmerz erinnerst!"

Dann kam Rabbi Simeon und sprach zu ihm: „Meister, darf ich dir etwas sagen?"

„Rede!" antwortete Rabban Jochanan.

Rabbi Simeon sprach: „König David hatte einen Sohn, der starb. Jedoch ließ er sich trösten. Du solltest dich auch trösten lassen. Woher wissen wir, daß David sich trösten ließ? Weil es heißt: ‚Und David tröstete Batscheba, sein Weib, und kam zu ihr und lag bei ihr; und sie gebar einen Sohn, und er nannte seinen Namen Salomon.' (II Samuel 12,24.) Meister, auch du sollst dich trösten lassen."

Rabban Jochanan aber sagte zu ihm: „Ist es denn nicht genügend für mich, daß ich meinen eigenen Schmerz trage, so daß du mich noch an König Davids Schmerz erinnerst!"

Dann kam Rabbi Eleasar ben Arakh herein, und Rabban Jochanan wußte, daß er seinen Worten nicht widerstehen können werde.

Rabbi Eleasar setzte sich vor ihn hin und sprach: „Ich werde dir ein Gleichnis erzählen. Ein König gab einem Mann etwas aufzubewahren. Täglich jammerte dieser Mann und schrie: ‚Wehe mir! Wann wird diese große Verantwortung von mir genommen, so daß ich in Frieden leben kann?' Du, Meister, hattest einen Sohn. Er hat Torah und Propheten und Hagiographen studiert. Er hat die rabbinische Lehre in ihren gesetzlichen wie auch in ihren erzählenden Bestandteilen studiert. Und er hat diese Welt sündenlos verlassen. Du solltest Trost darin finden, daß du das dir Anvertraute ohne Schaden zurückgeben konntest."

Da sagte Rabban Jochanan zu ihm: „Eleasar, mein Sohn, du hast mich getröstet, so wie die Menschen sich gegenseitig trösten sollen."

Nach *Abhoth de Rabbi Nathan,* A XIV, ed. Schechter, pp. 29b, 30a

Himmlisches Verhör

Rawa lehrte:

Wenn der Mensch nach seinem Tode vor Gottes Richterstuhl geführt wird, werden folgende Fragen an ihn gerichtet:
Hast du dein Geschäftsleben in Redlichkeit geführt?
Hast du dir bestimmte Zeiten zum Studium der Torah festgesetzt?
Hast du das Gebot der Fortpflanzung erfüllt?
Hast du das Heil erhofft?
Hast du dich dialektisch mit der Weisheit befaßt?
Hast du verstehen gelernt, wie eine Sache aus der anderen folgt?

Nach b. *Schabbath* 31a

Rabbi Chiskija und Rabbi Kohen lehrten beide im Namen Raws:

In der eschatologischen Zukunft muß der Mensch Rechenschaft ablegen über alles, woran sein Auge Gefallen fand und was er dennoch nicht genoß.

Nach p. *Qidduschin* IV, 12, ed. Krotoschin, p. 66d

IV Von Mann und Frau

Warum der Mann seine Frau sucht

Die Schüler fragten Rabbi Dosethai, den Sohn Rabbi Jannais:
„Warum geht der Mann auf die Suche nach der Frau, die Frau aber nicht auf die Suche nach dem Mann?"

Er antwortete mit einem Gleichnis: „Ein Mensch verliert etwas. Wer sucht was? Er, der etwas verloren hat, sucht das Verlorene. So sucht auch Adam seine verlorene Rippe."

Nach b. *Niddah* 31b

Die Rippe

Rabbi Josua aus Sikhnin lehrte im Namen Rabbi Levis:

Als Gott die Eva schuf, dachte Er zuerst darüber nach, aus welchem Körperteil Adams Er sie erschaffen sollte.

So sagte Er: „Ich will sie nicht aus seinem Kopf erschaffen, damit sie nicht leichtsinnig wird. Ich will sie nicht aus seinem Auge erschaffen, damit sie nicht kokettiert. Ich will sie nicht aus seinem Ohr erschaffen, damit sie keine Horcherin wird; und nicht aus seinem Mund, damit sie keine Klatschbase wird. Ich will sie nicht aus seinem Herzen erschaffen, damit sie nicht eifersüchtig wird, auch nicht aus seiner Hand, damit sie nicht diebisch wird, oder aus seinem Fuß, damit sie keine Herumläuferin wird. Sondern Ich werde sie aus einem keuschen Körperteil Adams erschaffen, einem Teil, der, selbst wenn der Mensch nackt dasteht, immer bedeckt ist."

Er wählte daher die Rippe; und bei jedem Glied, das Er erschuf, sprach Er: „Sei ein keusches Weib! Sei ein keusches Weib!"

Und dennoch, wie es in Sprüche Salomos 1,25 heißt: „Ihr aber habt verworfen all Meinen Rat, und habt Meine Zurechtweisung nicht gemocht." Alle Eigenschaften, die Gott vermeiden wollte, weist das Weib trotzdem auf!

Nach *Genesis Rabbah* XVIII, 2, ed. Theodor–Albeck, S. 162–163. Vgl. *Midrasch Tanḥuma, Wajjeschebh,* 6

Zwei sind besser als einer

„Zwei sind besser als einer." Prediger Salomo 4,9

Dieser Vers findet seine Erklärung in einem anderen Vers (Sprüche Salomos 18,22), in dem es heißt: „Wer eine Ehefrau findet, der findet etwas Gutes und hat Gnade erlangt vom Herrn."

Jedoch heißt es auch (Prediger Salomo 7,26): „Bitterer als den Tod fand ich das Weib."

Die Heilige Schrift will eben sagen: Ist sie eine gute Frau, so gibt es nichts Besseres; ist sie aber eine böse Frau, so gibt es nichts Schlimmeres. Das ist die Bedeutung von: „Wer eine Ehefrau findet, der findet etwas Gutes."

So findest du auch, daß, vor der Schöpfung der Frau, die Bibel berichtet: „Es ist nicht gut, daß der Mensch allein sei." (Genesis 2,18.) Nachdem sie aber erschaffen wurde, heißt es: „Und Gott sah alles, was Er gemacht hatte, und siehe, es war sehr gut." (Genesis 1,31.) Das ist die Bedeutung von: „Wer eine Ehefrau findet, der findet etwas Gutes."

Es lehrten unsere Meister: „Wer keine Frau hat, der lebt ohne Segen, ohne Leben, ohne Freude, ohne Hilfe, ohne Gutes und ohne Frieden."

„Ohne Segen" – denn es heißt (Genesis 1,28): „Und Gott segnete sie." „Sie" – der Plural bedeutet, daß es sich um beide handelte.

„Ohne gutes Leben" – denn es heißt (Prediger Salomo 9,9): „Genieße das Leben mit einem Weibe."

„Ohne Freude" – denn es heißt (Sprüche Salomos 5,18): „Freue dich des Weibes deiner Jugend."

„Ohne Hilfe" – denn es heißt (Genesis 2,18): „Ich will ihm eine Gehilfin machen."

„Ohne Gutes" – denn es heißt (Sprüche Salomos 18,22): „Wer eine Ehefrau findet, der findet etwas Gutes."

„Ohne Frieden" – denn es heißt (Hiob 5,24): „Und du wirst erfahren, daß dein Zelt Frieden hat." „Zelt" hat aber hier die Bedeutung von „Frau", wie in Deuteronomium 5,27: „Kehret heim zu euren Zelten!"

Manche sagen auch, daß ein Mann, der ohne Frau lebt, auch ohne Torah lebt, wie es heißt (Hiob 6,13): „Habe ich keine Hilfe bei mir, dann ist auch der Verstand von mir entrückt."

Das also ist die volle Bedeutung von „Wer eine Ehefrau findet, der findet etwas Gutes."

Ja, so wichtig ist der Ehestand, daß der Heilige, gelobt sei Er, in allen drei Teilen der Heiligen

Schrift – im Pentateuch, in den Propheten und in den Hagiographen – Seinen Namen mit der Ehe verbindet.

Im Pentateuch – denn es heißt, als Elieser die Rebekka für Isaak holte (Genesis 24, 50): „Und Laban und Bethuel antworteten und sprachen: ‚Vom Herrn ist die Sache ausgegangen.'"

In den Propheten – denn es heißt, als Simson sich eine Frau nahm (im Buche der Richter, das in der jüdischen Bibel zum Prophetenkanon gehört, 14, 4): „Sein Vater und seine Mutter wußten nicht, daß es vom Herrn war."

In den Hagiographen – denn es heißt (Sprüche Salomos 19, 14): „Ein vernünftiges Weib kommt vom Herrn."

Du lernst also daraus, daß der Heilige, gelobt sei Er, Seinen Namen mit der Ehe verbindet.

Nach *Midrasch Tehillim* LIX, 2, ed. Buber, p. 151a,b

Rabbi Eleasar sagte: Jeder Mann, der keine Frau hat, ist kein vollständiger Mensch. Denn es heißt (Genesis 5, 2): „Männlich und weiblich schuf Er sie. Dann segnete Er sie und nannte ihren Namen ‚Mensch'." Nach b. *Jebhamoth* 63a

Linsen und Erbsen

Raw wurde ständig von seiner Frau gequält. Verlangte er Linsen, kochte sie ihm Erbsen. Verlangte er Erbsen, kochte sie ihm Linsen.

Als sein Sohn Chijah aufwuchs, verwandelte er die Bestellungen seines Vaters in ihr Gegenteil, bevor er sie seiner Mutter übergab.

Als Raw nun das erhielt, was er verlangte, sagte er zu seinem Sohn: „Deine Mutter hat sich gebessert."

Doch der Sohn antwortete: „Ich habe deine Bestellungen in ihr Gegenteil verwandelt."

Darauf der Vater: „Das ist es, was die Menschen meinen, wenn sie sagen: ‚Deine eigenen Kinder lehren dich Verstand.' Aber du darfst das fortan nicht mehr tun, um nicht von der Anklage des Propheten getroffen zu werden: ‚Sie lehren ihre Zunge Lügen reden, sie mühen sich ab zu Verbrechen.' (Jeremia 9,4)"

Nach b. *Jebhamoth* 63a

Frieden zwischen Mann und Frau

Rabbi Meir pflegte am Vorabend des Sabbaths Lehrvorträge zu halten. Unter seinen Zuhörern befand sich auch eine Frau.

Einmal dauerte der Lehrvortrag sehr lange, und die Frau wartete, bis er zu Ende war. Erst dann ging sie nach Hause und fand, daß das Licht schon erloschen war.

Ungeduldig fragte ihr Mann sie: „Wo warst du denn?"

Sie antwortete: „Ich saß und habe einem Prediger zugehört."

Da beschwor ihr Mann sie und sagte: „Du kommst mir hier nicht wieder ins Haus, bis du dem Prediger ins Gesicht gespien hast!"

So vergingen drei Sabbathe. Schließlich sprachen die Nachbarinnen zu ihr: „Zankt ihr euch immer noch? Laßt uns mit dir zu dem Prediger gehen!"

Als Rabbi Meir sie kommen sah, konnte er durch den heiligen Geist sofort die ganze Sachlage verstehen.

Er sprach: „Mir tut ein Auge weh. Vielleicht ist unter euch eine verständige Frau, die einen Zauber über mein Auge flüstern kann?"

Da sprachen die Nachbarinnen zu der Frau: „Wenn du ihm jetzt ins Auge speist, dann ist dein Mann von seinem Schwur befreit."

Als sie sich jedoch vor Rabbi Meir niedersetzte, fürchtete sie sich vor ihm und sagte ihm: „Rabbi, ich habe doch keine Erfahrung im Zauberflüstern."

Der Rabbi aber sprach: „Speie mir trotzdem siebenmal ins Gesicht, und dadurch werde ich geheilt."

Sie tat es.

Nun sprach Rabbi Meir: „Jetzt geh und sage deinem Mann: ‚Du hast von mir verlangt, es einmal zu tun. Ich habe es aber siebenmal getan.'"

Nachdem die Frau weggegangen war, sagten die Schüler zu Rabbi Meir: „Darf man denn die Torah so in Verachtung bringen lassen? Hättest du nicht einfach einem von uns sagen können, daß er dir einen Spruch über das Auge flüstern soll?"

Da antwortete Rabbi Meir: „Ziemt es Meir denn nicht, seinem Schöpfer ähnlich zu sein? Denn Rabbi Ismael hatte gelehrt: ‚Groß ist der Frieden, denn der Gottesname, obwohl in Heiligkeit niedergeschrieben, soll nach göttlichem Befehl in der Zeremonie des Eiferopfers (Numeri 5, 11–31) im Wasser ausgelöscht werden, wenn es darum geht, den Frieden zwischen einem Mann und seiner Frau wiederherzustellen.'"

Nach *Leviticus Rabbah* IX, 9, ed. Margulies, S. 191–193.
Vgl. p. *Sotah* I, 4, ed. Krotoschin, p. 16d;
Numeri Rabbah IX, 20

Die Wahl

Es lehrten unsere Meister:

Wenn jemand die Wahl hat, Torah zu lernen oder zu heiraten, soll er zuerst lernen und dann heiraten.

Ist es ihm aber nicht möglich, ohne Frau zu leben, so soll er erst heiraten und dann lernen.

Raw Judah sagte im Namen Samuels: Die Entscheidung ist, daß man zuerst heiratet und dann lernt.

Rabbi Jochanan warf ein: Wenn einem ein Mühlstein am Halse hängt, wie kann man da Torah lernen!"

Jedoch besteht hier kein Meinungsunterschied. Was Raw Judah im Namen Samuels lehrte, bezieht sich auf uns Babylonier. Was Rabbi Jochanan sagte, bezieht sich auf die palästinensischen Studenten.

Nach b. *Qidduschin* 29b

Der Glatzkopf

Raw Ammi und Raw Assi saßen einst vor Rabbi Isaak dem Schmied. Der eine sagte zu ihm: „Möge der Meister uns gesetzliche Traditionen lehren!"

Der andere sagte zu ihm: „Möge der Meister uns erzählende Traditionen lehren!"

Als Rabbi Isaak nun anfing, eine erzählende Tradition zu lehren, wurde er von dem einen unterbrochen. Fing er aber an, eine gesetzliche Tradition zu lehren, unterbrach ihn der andere.

Schließlich sagte Rabbi Isaak zu ihnen: „Ich werde euch ein Gleichnis erzählen. Womit ist unser Fall zu vergleichen? Mit einem Mann, der zwei Frauen hatte, eine junge und eine alte. Die junge Frau riß ihm die weißen Haare aus, und die alte Frau riß ihm die schwarzen Haare aus. Am Ende war der arme Mann von beiden Seiten glatzköpfig."

Nach b. *Baba Kamma* 60b

Epithalamium

Es lehrten unsere Meister:

Was singt man, wenn man vor der Braut tanzt?

Die Schule Schammais sagt: „Man beschreibt die Braut, wie sie wirklich aussieht."

Die Schule Hillels sagt: „Man singt: ‚Hübsche und liebreiche Braut!'"

Da sagten die Schammaiten zu den Hilleliten: „Soll man ‚Hübsche und liebreiche Braut!' singen, selbst dann, wenn sie lahm oder blind ist? Die Torah sagt doch (Exodus 23,7): ‚Von einem falschen Ausspruch halte dich fern!'"

Die Hilleliten erwiderten: „Soll man nach eurer Meinung, wenn jemand ein schlechtes Geschäft auf dem Marktplatz gemacht hat, das, was er gekauft hat, in seiner Gegenwart loben oder geringschätzen? Auch ihr würdet doch zugestehen, daß man es, um ihm nicht wehzutun, in seiner Gegenwart loben soll!"

Auf Grund dieses Prinzips sagen auch die Weisen: „Der Mensch soll sich immer bemühen, seinen Mitmenschen gegenüber freundlich zu sein."

Als Raw Dimi von Palästina nach Babylonien kam, erzählte er, daß man in Palästina vor der

Braut singt: „Sie gebraucht keinen Puder, und sie gebraucht keine Schminke. Sie läßt sich ihr Haar nicht färben. Dennoch sieht sie aus wie eine anmutige Gazelle!" Nach b. *Kethubhoth* 16b, 17a

Hat dich zur Ehe das Geld bewogen,
werden die Kinder dir unerzogen.

B. *Qidduschin* 70a

Man trinke nicht aus einem Becher und denke dabei an einen anderen.

B. *Nedarim* 20b, über das Eheleben

Was die Jugend nicht begehrt,
wird dem Alter dann verwehrt.

Abhoth de Rabbi Nathan, A 24, ed. Schechter, p. 39b

„Du kannst gut predigen!"

Es wurde gelehrt:

Rabbi Elieser sagte: Wer das Gebot der Fortpflanzung nicht erfüllt, ist, als ob er Blut vergossen hätte. Denn es heißt (Genesis 9, 6): „Wer Blut des Menschen vergießt, durch den Menschen werde vergossen sein Blut." Und gleich danach heißt es (Genesis 9, 7): „Seid fruchtbar und mehret euch!"

Rabbi Jakob sagte: Er ist, als ob er das Ebenbild Gottes verringert hätte. Denn es heißt (Genesis 9, 6): „Im Bilde Gottes hat Er den Menschen gemacht." Und gleich danach heißt es (Genesis 9, 7): „Seid fruchtbar und mehret euch!"

Ben Asaj, der selber Junggeselle war, sagte: Er ist, als ob er beides getan hätte: Blutvergießen *und* die Verringerung des Ebenbildes Gottes. Denn es heißt (Genesis 9, 7): „Seid fruchtbar und mehret euch!"

Da sprachen seine Kollegen zu Ben Asaj: Manche können gut predigen und gut das erfüllen, was sie predigen. Manche können die Gebote gut halten, aber nicht gut predigen. Du aber kannst gut predigen, doch nicht gut erfüllen, was du predigst.

Ben Asaj antwortete: Was kann ich tun? Meine Seele ist doch in die Torah verliebt. Es können ja andere die Welt aufrecht erhalten.

Nach b. *Jebhamoth* 63b

Die ganze Welt ist nicht des Tages würdig, an dem Israel das Hohelied gegeben wurde.

Mischnah Jadajim 3, 5

V Von Wundern und Verdiensten

Warum Moses stotterte

Als der Knabe Moses in den Palast Pharaos gebracht wurde, da liebkoste und küßte ihn die Tochter Pharaos. Sie liebte ihn wie ihr eigenes Kind und erlaubte nicht, daß er den königlichen Palast verließ.

Weil er so hübsch war, wollte ihn jedermann sehen, und wer ihn auch sah, konnte sich von ihm nicht wieder losreißen.

Selbst Pharao pflegte ihn zu küssen und zu umarmen. Und Moses pflegte dann die Krone Pharaos in seine Hände zu nehmen und sie sich auf seinen eigenen Kopf zu setzen. Er war ja schließlich dazu bestimmt, das einmal in einem gewissen Sinne als Erwachsener zu tun.

Jedoch die Zauberer Ägyptens saßen da und sahen dem Spiel zu. Sie sprachen zu Pharao: „Wir fürchten uns vor dem, der dir die Krone abnimmt und sie sich auf seinen eigenen Kopf setzt. Er könnte doch der sein, von dem wir weissagen, daß er dir die Herrschaft entreißen wird."

Einige rieten nun dem Pharao, den Moses ermorden zu lassen; andere, ihn verbrennen zu lassen.

Aber auch Jethro war unter den Ratgebern, und er sprach: „Dieser Knabe hat keine Vernunft. Prüft ihn doch nur. Stellt vor ihn ein goldenes

Gefäß und brennende Kohle hin. Streckt er seine Hand nach dem Gold aus, so hat er Vernunft, und ihr könnt ihn töten. Streckt er aber seine Hand nach der brennenden Kohle aus, dann hat er keine Vernunft, und er kann nicht zur Todesstrafe verurteilt werden."

Man stellte das goldene Gefäß und die brennende Kohle vor Moses hin. Er war gerade dabei, seine Hand nach dem Gold auszustrecken, als der Engel Gabriel kam und seine Hand beiseite schob. So faßte Moses die brennende Kohle an und nahm sie in den Mund. Er verbrannte sich die Zunge und wurde „schwer von Mund und schwer von Zunge" (Exodus 4,10).

Nach *Exodus Rabbah* I, 26

Beschert

König Salomo hatte eine bildhübsche Tochter, dergleichen es im ganzen Lande Israel keine mehr gab.

Er beobachtete nun die Sternbilder, um herauszufinden, wer ihr als Ehemann beschert sein würde. Da sah er, daß es ein ganz armer Mann sein sollte, so arm, daß ihm in ganz Israel keiner in Armut gleichkam.

Was tat König Salomo? Er ließ einen hohen Turm in der Mitte des Meeres bauen – so, daß das Meer den Turm von allen Seiten umschloß. Dann nahm er seine Tochter und sperrte sie in diesen hohen Turm ein. Siebzig von den Ältesten Israels gab er ihr als Diener mit, und er versorgte den Turm mit reichlichem Proviant. Der Turm hatte keinen Eingang, so daß niemand in ihn eintreten konnte. Nun sprach Salomo: „Ich will jetzt sehen ‚das Werk Gottes und Seine Tat'" (Psalm 64, 10).

Nach einiger Zeit geschah es, daß der vom Schicksal für Salomos Tochter bestimmte Arme sich nachts auf einer Reise befand. Er war unbekleidet und barfuß, hungrig und durstig. Auch hatte er keine Unterkunft, in der er übernachten konnte. Da erspähte er das auf ein Feld geworfene

Ochsenaas. Er kroch hinein, um sich in dem Gerippe vor der Kälte zu schützen. Dann schlief er ein.

Nun kam ein riesiger Vogel auf das Aas zugeflogen, nahm das Aas und brachte es auf das Dach des Turms, in dem Salomos Tochter wohnte. Dort fraß der Vogel das Fleisch von dem Aas. Der junge Mann aber befand sich jetzt auf dem Dach, als die Morgensonne aufging.

Es war jedoch die Gewohnheit der Tochter Salomos, täglich auf das Dach heraufzusteigen. Als sie es jetzt tat, sah sie den jungen Mann. Sie sprach zu ihm: „Wer bist du? Und wer hat dich hierher gebracht?"

Er antwortete: „Ich bin ein Jude, und ich komme aus Akko. Ein Vogel hat mich hierher gebracht."

Was tat sie? Sie nahm ihn, brachte ihn in ihr Zimmer, wusch ihn, salbte ihn und kleidete ihn. Da stellte sich heraus, daß er ein sehr schöner Mann war, desgleichen im ganzen Gebiet Israels kein anderer zu finden war. Auch war der junge Mann sehr gelehrt und scharfsinnig – ein Schriftgelehrter. Das Mädchen verliebte sich in den jungen Mann, und ihre Seele hing an seiner.

Eines Tages sagte sie zu ihm: „Willst du mich heiraten?"

Er antwortete: „Ach, könnte ich nur!"

Was tat er? Er öffnete eine seiner Adern, und mit seinem Blut schrieb er die religionsgesetzliche Heiratsurkunde. Dann sprach er die Trauungsformel und rief: „Gott und die Engel Michael und Gabriel sind heute meine Zeugen!" Danach verhielt er sich mit ihr, wie es die Menschen eben unter diesen Umständen zu tun pflegen. Da wurde sie von ihm schwanger.

Als die Ältesten sie nun in diesem Zustand sahen, sagten sie zu ihr: „Es scheint uns, daß du schwanger bist."

Sie gestand es ihnen ein.

Da fragten die Ältesten: „Und von wem bist du schwanger?"

Sie antwortete: „Was geht euch das an?"

Da machten die Ältesten ein langes Gesicht. Sie fürchteten sich nämlich, daß der König Salomo sie in dieser Angelegenheit verdächtigen würde. Sie luden den König daher ein, mit ihnen zu reden. Der König bestieg ein Schiff und kam zu den Ältesten.

Die Ältesten sprachen zu ihm: „Eure Majestät! So und so ist der Sachverhalt. Möge der König seine Diener nur nicht beschuldigen."

Salomo ließ sich nun seine Tochter holen und fragte sie nach dem, was geschehen war.

Da antwortete die Tochter: „Der Heilige, gelobt sei Er, hat mir diesen jungen Mann gebracht. Er ist schön und gut und ein großer Gelehrter, und er hat mich nach den religionsgesetzlichen Vorschriften geehelicht." Dann ließ sie den jungen Mann rufen.

Er kam vor den König und zeigte ihm die Heiratsurkunde, die er für die Königstochter ausgestellt hatte.

Der König befragte ihn nun über seinen Vater und seine Mutter, über seine Familie und seine Heimatstadt. Aus den Antworten des jungen Mannes ersah der König, daß dies in der Tat der junge Mann war, den ihm seinerzeit die Sterne angedeutet hatten. Der König freute sich sehr und sprach: „Gelobt sei der Allgegenwärtige, der uns das gibt, was für uns bestimmt ist, und von dem es heißt (Psalm 68,7): ‚Er führt Verlassene in die Heimat, Er führt Gefesselte hinaus zur rechten Zeit!'"

Nach einem *Tanḥuma* Manuskript, abgedruckt in der Einleitung zu S. Bubers Ausgabe von *Midrasch Tanḥuma*, p. 68b

Das zurückgenommene Tischbein

Rabbi Chanina ben Dossa war sehr arm.

Eines Tages sagte ihm seine Frau: „Bete doch dafür, daß etwas von dem Guten, das für die Gerechten in der kommenden Welt aufbewahrt ist, dir jetzt schon hier gegeben wird."

Er betete.

Da wurde ihm das Bein eines goldenen Tisches ins Haus geschleudert.

In einem Traum sah er aber, daß in der kommenden Welt alle an einem Tisch mit drei Beinen essen würden, er jedoch an einem Tisch mit nur zwei Beinen.

Nachdem er den Traum seiner Frau erzählt hatte, bat sie ihn: „Bete doch dafür, daß sie das goldene Tischbein wieder zurücknehmen!"

Er betete; und es wurde zurückgenommen.

Es wurde gelehrt, daß das zweite Wunder größer als das erste war. Denn, einer Tradition nach, ist es zwar möglich, daß einem das, wofür man betet, gegeben wird; aber das Gegebene wird nie zurückgenommen.

Nach b. *Ta'anith* 25a

Der Gruß von der himmlischen Akademie

Abba der Aderlasser empfing täglich einen Gruß von der himmlischen Akademie. (Nach rabbinischer Vorstellung wurden die verstorbenen Gelehrten von der irdischen in die himmlische Akademie versetzt, wo sie weiter Torah lernten und von Gott selbst unterrichtet wurden.) Der gelehrte Abbaje empfing einen solchen Gruß nur jeden Freitag, und der gelehrte Rawa überhaupt nur einmal im Jahr, am Vorabend des Versöhnungstages.

Abbaje fühlte sich zurückgesetzt, weil Abba dem Aderlasser die größere Auszeichnung zuteil wurde. Es wurde ihm aber mitgeteilt: „Du kannst keine Taten tun, die den Taten Abbas gleichen!"

Was waren denn die Taten Abbas des Aderlassers?

Zum Aderlassen hatte er zwei verschiedene Plätze, einen für Männer und einen für Frauen. Auch hatte er ein Kleidungsstück mit vielen Öffnungen, das die Frauen anzuziehen hatten, so daß er ihren nackten Körper nicht zu sehen brauchte. Vor seinem Sprechzimmer hatte er einen Kasten aufgestellt, in den die Patienten das Honorar deponierten. Wer Geld hatte, bezahlte dort. Wer kein Geld hatte, konnte ohne Beschämung das Haus verlassen. Wenn Abba jemanden sah, der kein Geld hatte, gab er ihm Geld und sprach: „Geh, stärke dich!"

Eines Tages sandte Abbaje ein Gelehrtenpaar zu Abba dem Aderlasser, um die Wahrheit über ihn herauszufinden. Als sie in sein Haus kamen, gab er ihnen Speise und Trank und legte Kissen zum Schlafen vor sie hin.

Am nächsten Morgen nahmen die Gelehrten die Kissen mit sich und brachten sie auf den Marktplatz. Abbaje ließ dann Abba rufen, und die Gelehrten baten ihn, den Wert der Kissen zu schätzen.

Abba sagte: „Die Kissen sind so-und-so viel wert."

Jedoch die Gelehrten sprachen: „Vielleicht sind sie mehr wert?"

„Nein", antwortete Abba. „Das ist genau, was ich selbst für diese Kissen bezahlt habe."

Die Gelehrten fragten nun: „Welchen Verdacht hast du gegen uns gehegt?"

„Ich dachte", antwortete er, „daß die Herren Gelehrten Geld für irgendeinen wohltätigen Zweck benötigten, sich aber schämten, mir das zu sagen."

„Nimm die Kissen dann zurück", sagten die Gelehrten zu Abba.

„Nein", erwiderte er. „Das kann ich nicht. Von dem Moment an, wo ich nicht mehr an sie dachte, betrachtete ich sie als der Wohltätigkeit gewidmet."

Nach b. *Ta'anith* 21b, 22a

Ehre deinen Arzt, während du ihn noch nicht brauchst!

P. *Ta'anijoth* III, 6, ed. Krotoschin, p. 66d

Seine Verdienste sind sehr groß

In Neharde'a stand eine ruinenhafte Mauer, an der Raw und Samuel nie vorbeigingen, obwohl sie bereits dreizehn Jahre lang in diesem Zustand stehengeblieben war.

Eines Tages kam Raw Ada bar Ahawah dorthin. Als sie in die Nähe der Mauer kamen, schlug Samuel dem Raw vor, wieder den gewöhnlichen Umweg zu machen.

Raw jedoch antwortete: „Jetzt ist das nicht nötig, denn wir haben ja Raw Ada bar Ahawah bei uns. Seine Verdienste sind sehr groß und werden uns schützen. Ich habe keine Angst."

Raw Huna hatte Wein in einem zerfallenen Haus aufbewahrt und wollte den Wein von dort wegnehmen. Deshalb verwickelte er Raw Ada bar Ahawah in eine religionsgesetzliche Diskussion, bis der Wein fortgeschafft war. Sobald sie das Haus verlassen hatten, fiel es ein.

Als Raw Ada bar Ahawah bemerkte, wozu er sich hergegeben hatte, wurde er zornig und sprach: „Ist das nicht ein Fall wie der, von dem Rabbi Jannai sagte, daß man sich nie in einem Ort der Gefahr aufhalten soll, in dem Glauben, daß man durch ein Wunder gerettet würde? Vielleicht geschieht kein Wunder. Und selbst wenn ein Wunder geschieht, wird einem das von seinen Verdiensten abgezogen." Nach b. *Ta'anith* 20b

Selbst wenn einem ein scharfes Schwert schon am Halse liegt, soll man mit dem Gebet nicht zurückhalten. B. *Berakhoth* 10a

Man darf einen Menschen in seiner Anwesenheit nur teilweise loben; ist er abwesend, kann man ihn vollauf loben. B. *'Erubhin* 18b

Das Wunder war zu gering

Einmal brach eine Seuche in Sura aus, verschonte aber die Nachbarschaft Raws. Da meinten die Leute, daß das den Verdiensten Raws zuzuschreiben sei. Jedoch wurde ihnen in einem Traum mitgeteilt, daß das Wunder zu gering war, um den großen Verdiensten Raws zugeschrieben zu werden.

Das Wunder geschah wegen der Verdienste eines Mannes, der bereitwillig seine Hacke und seine Schaufel einem Friedhof lieh, so daß Gräber gegraben werden konnten.

Einmal brach ein großer Brand in Drokeret aus, verschonte aber die Nachbarschaft von Raw Huna. Da meinten die Leute, daß das den Verdiensten Raw Hunas zuzuschreiben sei. Jedoch wurde ihnen in einem Traum mitgeteilt, daß die Verdienste Raw Hunas zu groß, die Verschonung der Nachbarschaft aber zu gering waren, als daß man das Wunder den Verdiensten Raw Hunas zuschreiben könnte.

Es handelte sich hier lediglich um die Verdienste einer gewissen Frau, die ihren eigenen Ofen heizte und ihn dann ihren Nachbarinnen zur Verfügung stellte.

Nach b. *Ta'anith* 21 b

Die Heilung

Rabbi Alexandri lehrte im Namen des Rabbi Chija bar Abba:

Größer ist das Wunder, das bei der Heilung der Kranken geschieht, als das Wunder, das Hananja, Misael und Asarja geschah. (Vgl. Daniel, Kapitel 1–3)

Denn das Feuer, aus dem Hananja, Misael und Asarja gerettet wurden, war ein von Menschen angezündetes Feuer. Menschen zünden es an, und Menschen können es wieder löschen.

Aber die Krankheit ist ein von Gott entzündetes Feuer. Wer kann das schon löschen?!

Nach b. *Nedarim* 41a

KURZES THEOLOGISCHES REGISTER

Der Verfasser

Dr. Jakob J. Petuchowski ist Ordinarius und Forschungsprofessor für jüdische Theologie und Liturgie am Hebrew Union College in Cincinnati, Ohio, U.S.A. 1925 in Berlin geboren, konnte er sich 1939 nach Schottland retten. 1947 erhielt er den B. A. Honours Grad der Universität London und ging 1948 nach Amerika, wo er 1952 den Magister-Grad und die rabbinische Ordination, 1955 den Grad eines Doktors der Philosophie vom Hebrew Union College erlangte. 1978 wurde er von der Universität zu Köln zum Dr. phil. h.c. und 1979 von der Brown University in Providence, R. I., zum D. Litt. h. c. ernannt. Er ist ein „Fellow" der American Academy for Jewish Research. Achtzehn Bücher, die er entweder selbst geschrieben oder herausgegeben hat, sind bis jetzt erschienen, und mehr als 440 seiner Artikel – auf englisch, hebräisch und deutsch – sind in Nachschlagewerken und Zeitschriften veröffentlicht worden. Er hat in West Virginia und Pennsylvania als Rabbiner amtiert und ist seit 1956 Rabbiner für die Hohen Feiertage am B'nai Israel Tempel in Laredo, Texas. 1963/64 war er Rabbiner und Direktor der judaistischen Studien am Hebrew Union College in Jerusalem, Israel. 1971 lehrte er als Gastprofessor für jüdische Philosophie an der Universität Tel-Aviv, Israel, und 1978 war er ein „Littman Research Fellow" am Oxford Centre for Postgraduate Hebrew Studies in England. Seine Mitarbeit am christlich-jüdischen Religionsgespräch hat ihn, seit 1973, wiederholt in die Bundesrepublik Deutschland gebracht.